同一労働同一賃金を
実現する

職務分析・
職務評価と
賃金の決め方

西村 聡 [著]

日本法令

はじめに
科学的・合理的な賃金制度のすすめ

　高度経済成長期の日本では、人事管理において終身雇用や年功序列、頻繁な人事異動に象徴される伝統的な日本式アプローチが機能していました。これらの雇用の仕組みは、能力が劣っている労働者の既得権を保護して、能力が優れている人の雇用機会を失わせる結果をもたらしています。これらを改革すれば、有能な労働者が移動し始め、生産性の高い潜在的な労働者の労働市場への参加が促されることになります。つまり、労働人口を増やすのではなく、雇用の流動化を図ることで全体の生産性を高めることができます。一方で、変化が激しいこの時代において、このような単純な雇用の流動性の向上だけでは生産性が向上しなくなっているのも確かです。

　したがって今後は、労働力の流動化に加えて、労働人口の減少をくいとめて維持することと、生産性の向上をいかに実現させていくのかが重要となってきます。つまり、多様な働き方の推進はもちろん、一人ひとりの労働者がしっかりと職務を全うする原点に立ち返るための雇用体制づくりが求められます。この過程で、同一労働同一賃金の原則に基づいた職務基準の人事管理制度へ移行せざるを得なくなるでしょう。

　ただ、現在進められている働き方改革においては、同一労働同一賃金が、正規社員と非正規社員の格差是正という経済政策の中で検討されているだけであり、労働の密度や質をどう高めていくかについては議論されていません。それどころか、残念なことに同一労働同一賃金の本質も理解せず、「働き方改革」という言葉に踊らされ、今更ながらに能力基準の人事制度が蔓延してしまっています。

　働き方改革が進む中で、政府による「同一労働同一賃金ガイドライン案」が示され、ハマキョウレックス事件、長澤運輸事件について最高裁による判決が示されました。

　正規社員と非正規社員の格差是正という経済政策の中で、賃金のあり方

i

については触れることなく、ただ諸手当について個別に不合理性の判断をするのみで、また同一労働の定年再雇用者に対しても老齢厚生年金の支給や退職金等を考慮すれば賃下げを容認できるとした最高裁の判決は、同一労働同一賃金とは程遠い非常に残念な判断と筆者は感じています。元々、日本の社会は多様性が低く、職業観が薄いと思わしきところがありそうですが、それが終身雇用と相まって、対応力が限界に至っている現実を今更ながらに示されたようにも感じます。

　本来、賃金格差を価値評価とするならば、同一の労働でありながら賃金に格差が生じている状態において社会的公正はそこには存在しないことになります。そもそも社会、産業の成立ちが地域ごとに異なり、多民族国家である欧米において、差別的扱いを禁止するために合理的に追究してきたのが同一労働同一賃金であり、その手段として形成されてきたのが職務分析、職務評価と職務給です。今後、日本も欧米同様に多様化が進むとすれば、「働き方」についても欧米同様に、個々の労働者に能力を発揮してもらえる環境づくりをしていかなければならないのは当然のことです。

　しかし、日本では職務の概念が乏しく、したがって職務給に関する研究も少なく、職務給が定着してこなかったために、現代においても仕事基準の人事制度についての解説書は非常に少ない状況です。なおかつ、「短時間・有期雇用労働者及び派遣労働者に対する不合理な待遇の禁止等に関する指針」（同一労働同一賃金ガイドライン）に沿った同一労働同一賃金は、これまでの日本的人事制度を前提としています。このような中で、このたび、職務給導入のために必要な職務分析を活用し、生産性を向上するための方法について解説する機会を得ることができたことは、職務基準の人事制度を指導してきた者として望外の幸せです。

　筆者は、職務基準の人事制度を普及させるため、2004年に『役割等級人事制度構築・導入マニュアル』を上梓しました。この中で、役割等級制度を「"顧客重視のビジネスプロセスから職能機能横断に導かれた、新たな機能を果たすための職務および従前の職務"を、人事管理上、"職務群"

あるいは“プロセス統合職務群”として整理し、これを序列化し管理する制度であり、これまでの職務等級制度を、企業のプロセス機能的側面からより強調したもの」と定義しています。これは、ビジョンから経営戦略を策定し、これを実現するため機能展開したうえで個々の職務に落とし込んでいく、まさに職務等級制度そのものだったのですが、日本で職務等級制度が倦厭されていることを考慮し、「役割等級制度」と称しました。

　本来、組織における個々の従業員の役割（role）とは、組織が掲げる使命（mission）に対し、どういう考え（価値観 value）に基づいてどう行動するかを示したもので、行動指針的で非常に曖昧なものです。したがって、役割を確実に果たすためには、職務（job）を明確にし、それを遂行することが必要です。

　バブル経済崩壊以降、職能資格制度の限界もあり、多くの日本企業に導入された役割等級制度は、管理職層から導入されました。ただ、これらの多くが職能資格制度をベースにしているだけでなく、役割内容（職務）とこれに連動する成果責任を明らかにしないまま、当然のごとく職務評価も実施されずに構築、運用されてきました。このため、結果的に年功的運用に流れ、人事考課制度も職能評価を基本とする運用になる傾向にあります。

　なお、欧米における管理職や事務・技術職（ホワイトカラー）の職務は、日本と同様に環境変化によって役割が変更され、また広い裁量が認められている業務となっています。しかし、このような役割は、その内容である職務を明確にしたうえで、職務評価を通じて価値づけられ、序列化され、これに応じた賃金（サラリー）が決定されていますし、人事評価が業績成果を中心にされるなど、明らかに日本とは異なっています。

　また日本では、元来業務の繰り返し性が高い職務のため、その内容を明らかにしやすい現業職（ブルーカラー）に対しても、職務分析・職務評価をすることなく、人事考課制度を行動基準風に変更しただけで、個々の企業の職務とは依然連動していない職能評価を実施しているものを役割等級制度と称している場合が数多く見受けられます。

　欧米諸国の人事制度は、日本とは異なり、ホワイトカラー、ブルーカ

ラーともに職務価値を基準とする職務等級制度であることはゆるぎない事実であり、これに連動する人事考課制度も業績評価が基本です。このため本書では、あくまでも職務等級制度およびこれを構築するための手法や活用方法について理解していただくことを主眼としていることから、読者の皆様が日本的な解釈による混乱を招くことがないよう、「役割等級」という用語を使用せず、「職務等級」で統一しました。

　本書で解説する職務分析、職務評価を踏まえた職務を基準とした人事賃金制度は、そもそも正規・非正規の区別なく、職務の明確化によって労働生産性の向上を目指すものです。つまり、ガイドラインの解釈や、今後の裁判例の動向に悩むまでもなく、同一労働同一賃金のための人事制度なのです。これからの社会経済情勢を見据え、職務給に関する基礎的な理論を改めて学ぶための一助となることを願っています。

　最後になりましたが、本書の出版のためにご尽力いただきました㈱日本法令出版部部長の岩倉春光氏、そして出版に際しご協力いただいた山岡美由紀社会保険労務士事務所山岡美由紀先生、NPO 法人企業年金・賃金研究センター三浦眞澄理事長に対して、心よりお礼申し上げます。

令和元年 9 月

西村　聡

目　次

はじめに

第1章
職務分析・職務給の成立ち

Ⅰ 職務分析・職務給の歴史と現況 …………… 2

人事賃金制度改革を必要とする社会的要因 …………… 2

アメリカ職階制の発達およびその目的 …………… 4

職階制の体系 …………… 6

そもそも職務とは何か？ …………… 9

職務給と同一労働同一賃金 …………… 10

経済学における賃金理論と同一労働同一賃金 …………… 11

賃金史における職務給理論の芽生え …………… 14

賃金制度の分類と理論 …………… 15

エリオット・ジャックスの裁量時間幅方式 …………… 19

ブルーカラーの職務給と習熟曲線 …………… 22

ホワイトカラーの職務給 …………… 24

同一労働同一賃金の原則の芽生えと発展 …………… 24

日本における同一労働同一賃金 …………… 26

日本の賃金史における職務給 …………… 27

職務給に対する批判 …………… 29

欧米の職業史と職業観 …………… 32

日本の職業の歴史と労働政策 …………… 33

Ⅱ 職務分析・職務給の構造と活用 …………… 37

賃金構造を理解する …………… 37

職務給の効用 …………… 38

職務分析の定義と成立ち …………… 39

職務分析と労務管理 …………… 42

日本における職務分析 …………… 43

職務分析の活用領域 …………… 44

職務分析に対する間違った認識 …………… 45

v

第2章
職務分析・職務評価の実務

Ⅰ 職務分析の実務 ……………………………………… 50

1. 職務の単位の決定 ………………………………………… 50
2. 予備調査 …………………………………………………… 51
3. 職務分析の方法 …………………………………………… 51

Ⅱ 職務評価の実務 ……………………………………… 82

職務評価の定義と成立ち ……………………………………… 82
職務評価の問題点 ……………………………………………… 84
職務評価方法の種類 …………………………………………… 84
点数法の手順 …………………………………………………… 89
職務を職務等級（区分）にグループ分けする方法 ………… 99
点数法を使った等級算出例 …………………………………… 100
職務評価の分析対象職務の範囲 ……………………………… 113
職務等級区分（グレード）への格付けの記録 ……………… 115
従業員の格付け ………………………………………………… 115
職務等級数および区分の設定 ………………………………… 117
市場価格法（market pricing）の理解 ……………………… 118

第3章
職務給の決め方と賃金管理

Ⅰ 職務給体系の理解 ……………………………………… 122

職務給を基礎とする賃金体系とは ………………………… 122

Ⅱ 賃金設計の手順 ………………………………………… 124

相対賃金率の決定 ……………………………………………… 124
賃金設計の具体的手順 ………………………………………… 125

Ⅲ 職務給の運用 …………………………………………… 137

vi

昇給管理・昇進管理 ……………………………………… 137

新たな賃金管理の方針 …………………………………… 138

１．単一職務給を導入し、これに移行する場合 ………… 138

２．昇級および降級と賃金 ……………………………… 139

３．配置転換 ……………………………………………… 140

Ⅳ これからの社会と賃金〜合理的賃金のすすめ〜 ……… 142

少子高齢化とワーク・シェアリング …………………… 142

人事考課制度の課題 ……………………………………… 142

職務等級制度における人事考課の意義と目的 ………… 143

人事考課の内容と対象 …………………………………… 143

業績管理（パフォーマンス・マネジメント）と目標設定 …… 144

プロセス展開表と業績管理 ……………………………… 145

職務管理とモチベーション ……………………………… 150

第4章
働き方改革のための新しい
職務分析手法を活用した業務改善の実際

Ⅰ 働き方改革のための『新しい職務分析手法』 ………… 156

これまでの職務調査や職務分析の問題点 ……………… 156

新しい職務分析手法（プロセス展開表）を活用した業務改善 …… 157

「あるべき姿のプロセス展開表」作成のための改善の視点 ……… 158

プロセス改善のための技法 ……………………………… 162

Ⅱ 働き方改革に必要な部門別職務分析手法の理解 ……… 170

１ 製造部門における職務分析手法とその活用方法 ……… 170

１．製造部門に必要な作業標準と標準時間 …………… 170

２．製造現場における直接作業を改善するための考え方と手法 …… 176

３．事務作業を改善するための考え方と手法 ………… 179

２ 営業職務、設計開発職務における職務分析手法とその活用方法 … 184

１．ホワイトカラーの生産性向上が難しいとされる理由 ………… 184

２．営業職務の改善の考え方と進め方 ………………… 184

vii

3．ソフトウェア開発に関わる職務における改善の考え方と進め方 ･･･ 195

4．製品設計開発に関わる職務における改善の考え方と進め方 ･････ 197

3 職務分析を働き方改革に活かす方法 ･･････････････････････ 198

1．製造職務における職務分析と職務再編成 ･･･････････････････ 199

2．営業職務における業務量調査・分析と職務再編成 ･･･････････ 204

3．画像処理職務における業務量調査・分析と職務再編成 ･･･････ 207

4．間接部門の業務改善事例 ･･･････････････････････････････ 212

5．適正要員の算出と要員管理 ･････････････････････････････ 220

Ⅲ 働き方改革における多様な働き方の実現と職務分析 ･･･ 228

おわりに

第1章

職務分析・職務給の成立ち

Ⅰ 職務分析・職務給の歴史と現況

☑ 人事賃金制度改革を必要とする社会的要因

　少子高齢化により、2008年から日本の人口は減少局面に入っており、生産年齢人口に至っては1995年をピークに既に減少局面に入って久しい状態です。このため、①組織の人口ピラミッドの崩壊と年齢構成の高齢化、②労働市場の逼迫、③技術変化による経験的技能価値の低下と高学歴化、④封建的な秩序意識が希薄になるなど社会観念の変化により、年功序列賃金が維持できなくなってきています（日本の企業には職能資格制度（職能給）を採用している企業が少なくありませんが、結果的にそれらのうちの少なくない割合の企業において年功序列賃金的な運用がなされているため、ここではそれらをまとめて「年功序列賃金」としています）。

　総人口の減少に伴って、就業者層の人々がさらに縮小していくと、成長力が一層下押しされることから、まずは潜在的労働力である女性や高齢者を最大限に活かすことや、若年層労働者の定着が求められています。

　これらについては様々な問題が指摘されていますが、その中でも大きな問題の1つとして挙げられるのが、定年時の賃金額と仕事内容のミスマッチが再雇用を難しくしていることです。つまり、ほぼ年齢、勤続年数だけで毎年上昇し続けてきた賃金が、労働市場における価値とはまったくかけ離れたものであったとしても、本人は自分自身を支給されている賃金分の価値があるものと錯覚しています。このため、再雇用され賃金が下がると一気にモラールダウンし、仕事の手を抜き始めます。賃金相応の仕事をしていた人材の賃金を、再雇用を理由に引き下げたならば尚更です。

　一方、「定年前までに既に能力以上の賃金をもらっていた分、定年後の賃下げは可能」とする意見もありますが、あまりに乱暴な論理です。

2　第1章　職務分析・職務給の成立ち

これはそもそも「これまで賃金をどう捉えてきたか」という本質的な問題が引き起こしている問題です。単純な年功制ならまだしも、職能を前提とした制度であるならば能力に応じた支給がなされるのが筋なので、「本当は能力以上の賃金をもらっていた」と言われても納得のいくものではありません。実際に賃金分の能力を持っている人であれば尚更納得いかないでしょう。また、もし彼らが若い頃から職務給であったとすれば、賃金と仕事の価値は一致していたはずで、その制度の中で賃金を上げるために難易度の高い仕事や責任のある仕事を目指し、自身のキャリアについてしっかりと考えてきた可能性もあります。また、その過程で退職するかしないかは本人の責任であり、会社は会社で、これを引き留めるだけの魅力があるかどうかについて、もう少し真剣に考えて来れたのかもしれません。

　仕事には年齢、性別、国籍という属性はありません。したがって、会社は年齢、性別、国籍を問わずすべての従業員が気持ち良く働けるようにしなければなりません。そして、それが会社にとって最大限の利益につながるよう、人材の流動化の促進、雇用ミスマッチの解消と、多様な就業形態を許容した人事賃金制度を構築することが求められます。

　既に言われ始めて久しいことですが、日本的雇用慣行は今日の社会経済動向の影響を受け大きく見直す時期になっていますし、これは間違いないことだと思われます。平成27年9月に、正規・非正規雇用労働者間の賃金や待遇の格差を解消することを目的として同一労働同一賃金推進法（労働者の職務に応じた待遇の確保等のための施策の推進に関する法律）が施行され、翌年12月にそのガイドライン案が示されました。また平成30年12月にガイドラインが示され、ますます役割・職務給が注目されてきています。

　ちなみに、日本において本格的に職務給が議論されたのは、第二次世界大戦後の壊滅的な経済状況のもとで起きたインフレーションによって国民生活が危機に瀕していた時代でした。このような経済危機においてこれを突破するための重点課題は、積極的に生産を増強することです。そこで、これを実現するために、①労働の質と量に応じて公平妥当に支払われる合

理的な賃金であることや、②アメリカ労働諮問団の勧告に従ったものであるという理由で職階制の賃金制度が研究論議されることとなりました。

この職階制の根本原理は、同一労働同一賃金の原則をつらぬくことであり、この原則は当然、人たるに値する生活の保証の上に組み立てられ、同時に、生産意欲の向上に役立つものでした。

なお、日本でいわれるこの職階給制度は、正確には「職位分類制度」といわれるものです。当時のアメリカの政治行政においては、相容れない「猟官主義」と「実績主義」とが相克していましたが、その中で最も有効な手段として実績主義側に採用されたのがこの制度です。実績主義は、その条件として公務員の試験採用と履歴による昇進制を必須としています。この2つが支障なく施行されるためには、採用される職位、昇進する職位の職務内容と職責が明確になっていなければなりません。このため、職務分析によって職位の資格要件を確定し、分類されることが必要となります。そして、同一のものとして分類された職位群に対しては同一賃金を支払うことになっています。

上記のような職務給や職階制の研究が行われたにもかかわらず、実際に起こったのは民主化の流れによる労働組合運動の活発化でした。民主的人権尊重の理念が生活権保証の強い要望となり、生活給を重視した電産型賃金体系を生むことになったのです。

また、これにより日本の賃金は、特にその支払い能力が乏しい企業において、労働の質や量に関係のない画一的な生活給的性格がますます強まるようになり、いわゆる能率給的な、生産意欲を刺激するような賃金制度は希薄となりました。その結果、賃金体系は複雑かつ多岐にわたるようになり、この生活給的な考え方は、現在に至るまで日本の賃金体系に小さくない影響を及ぼしています。

☑ アメリカ職階制の発達およびその目的

ここで、前項で登場した職階制について触れておきましょう。

もともと職階給は、1836年に書記的職務に従事する政府職員の請願（"equal pay for equal work"）が連邦議会によって決議されたことに端を発します。これにより、各省の書記的職務はその労働の性質、注意力、責任の程度および職務に必要とする資格要件等で分類することになり、その資料をもとに、議会は法律を制定して各省の書記的職務の給与額によって4つの職務等級に区分された一定の賃金率を適用することにしました（職位分類制度）。

　この制度は、分類する単位を職位に置き、分類の基準をその職務内容（職責）と成果責任に求め、秩序と一貫性を最も合理的に発揮させようとしたところに進歩性と科学性があります。しかし、これはまだ現在行われている「職務評価」に基礎を置くものではありません。1881年にフレデリック・W・テイラーが唱えた職務の分析に基づく科学的管理法の登場によって、アメリカにおける職階給制度は確立することになります。これによって、公務員の人事管理体系の中で、職位の正確な定義、秩序ある配列、公平な評価ができるようになり、情実を排除した公務員の公正な取扱いが可能となりました。

　なお、上述の通りアメリカにおける職位分類制の思想は過去からありましたが、この方式が技術として発展し、採用され、運用されたのは1911年のシカゴ市が始まりです。

　その後、1921年に能率考査局が設置され、全官庁において職務の格付けの準備およびその手続きを始め、標準的職務の218が格付けされ、記述されました。そして1923年に職階給法が制定され、職階給与局が設定されました。同局の機能は、職務に関する記録ならびに規則の制定、職務等級明細の確立および職階制実施のための特別経費の決定等でした。

　なお、アメリカにおける職階制の目的ならびにその効用は次の通りです。

①職務に関し統一的な標準的述語が確立する
②人件費編成にあたって給与額計算の基礎が確立する

Ⅰ　職務分析・職務給の歴史と現況　5

③採用試験および検定に役立つ

④人事管理が有効適切に実施されるとともに昇進、昇給、転任などが明確となり情実人事が排除される

⑤能率増進の目的に合致し、職員の能率考査や職員の研修に役立つ

⑥給与水準の比較検討に正確な資料を得る

　これらのことから、日本では職階給が「職務に対する賃金」であると理解されていますが、本来の職階給制度は、近代的な能率給制度の成熟を前提としているだけでなく、職位を評価（分類法）して賃金を決定するものです。そのような意味において、後述する通り職務給とは異なるものといえます。

　また、これ以上に問題なのは、日本に導入された職階給は、賃金の反対給付としての職務の量を確定することなく成果責任を問われないという、あまりに日本的な年功賃金制度へと変化したことであるかもしれません。

　どのような職務であれ、成果は求められます。特に、日本の非営利組織では、「非営利である」というだけで期待される職務成果を明らかすることは難しいとし、成果主義の適用を否定的に捉える方が少なくありません。しかし、欧米の公務員の職階制は、職務分析の活用によって職務内容（職責）と成果責任を明確にしてきたものです。これはつまり、職務を遂行する以上、成果が問われていることは当然であり、営利を追求しない公務員であったとしても例外ではないことを明らかにしているものといえるでしょう。

☑ 職階制の体系

　職階制は、正確には「職位分類制度」といわれ、この基本概念は、職位、クラス、職および階で示されます。分類制の基礎となるのは職位の概念であり、分類の体系において中心となる単位はクラスになります。

6　第1章　職務分析・職務給の成立ち

①職位（position）

　1つの特定の職、あるいは特定の地位の仕事（課業）であり、一個人によって一定の責任と一定の義務が遂行されることを要求されているものをいいます。本書でいう「職階」の意味に用いられることもあるので注意してください。

②クラス（class of position）

　仕事（課業）と職責の点において十分に相似するすべての職位を総括するものをいいます。したがって、㋑同じクラスの職位を担当する人に対しては、教育、経験、知識および能力に関して同様の条件が要求され、㋺職員を選定するにあたり、同じ適性テストが用いられ、㋩同じ雇用条件下では同一の給与表が適用されます。

　多くの職位は、その仕事（課業）内容と程度が複雑であり、互いに食い違っています。こうした職位を、とにかく何らかのクラスに振り分ける必要があります。あるいは既に設定されているクラスにあてはまらない職位には、新たにクラスを創設しなければなりません。職位分類における最も手間がかかる手続きは、職位を分析評価して、これを適当なクラスに分類する振分け規準を作る作業です。

③職（service）

　職位分類の最も大きい分類項目。職位分類を行い、給与を定めるために役立つように、包括範囲を大きくとって、同種類のクラスを全部総括したものです。

④職階（grade）

　それぞれの職を、最も簡単な課業から、最も困難な責任の重い課業の順序に分けたものです。階はいわば職の下位分類を意味し、1つの階には同等の資格要件と給与が指定される1つまたは多くのクラスが含まれます。また、階は、仕事（課業）の重要度、困難度および職責と価値との差などに基づいて区分されます。各階には、通常一定の賃金水準（賃金表）が連

Ⅰ　職務分析・職務給の歴史と現況　7

動しています。

　１つの職の中で、異なるクラスに属する職位が同じ階に存在します。例えば、土木技術のある職位が、天文学あるいは化学に関する職位と等しい重要度と職責であるならば、同じ階になります。

⑤**職群**（group）
　職の下位分類ですが、同じく下位分類である階は職を縦に、群はこれを横に区分したものです。例えば、専門・科学職の中では、天文学の群、法律学の群あるいは美術の群などに分類されます。
⑥**列**（series of class）
　クラスの序列をいい、昇進進路の段階を示しています。

　以上のように、クラス、職、階、群、列は、職位をある目的の下に分類するための概念です。野球選手を例に以上をまとめると、以下の図のようになります。

図表 1-1　職階制の体系

階（グレード）	職　位
6	一軍投手
5	一軍捕手　二軍投手
4	一軍二塁手　一軍遊撃手　二軍捕手
3	一軍三塁手　一軍一塁手　二軍遊撃手
2	二軍二塁手　二軍三塁手　一軍左翼手　一軍右翼手　一軍中堅手
1	二軍一塁手　一軍左翼手　二軍右翼手　二軍中堅手

クラス	列	一軍投手	一軍捕手	一軍二塁手	一軍遊撃手	一軍三塁手	一軍一塁手	一軍左翼手	一軍右翼手	一軍中堅手
		二軍投手	二軍捕手	二軍二塁手	二軍遊撃手	二軍三塁手	二軍一塁手	二軍左翼手	二軍右翼手	二軍中堅手

職　群	投手　捕手　　内野手　　　外野手

職	選　手　　コーチ　監督

課　業	守　備　　走　塁　　打　撃

8　第１章　職務分析・職務給の成立ち

なお、職位分類法における賃金（職階給）は日本では別名、職階職務給ともいわれ、仕事基準の賃金の1つです。しかし、職階給が、上記のように職位の分析を実施することによって、職群を職階として組織的に秩序づけ、職階ごとに賃金が決定されるのに対して、職務給では、類似の職位を括ることでできる職務を分析、序列づけし、これに応じた賃金が決定されます。このように職階給と職務給には基本的な違いがあります。

　他方、アメリカにおいても1930年代まではjob（職務）ではなく、work（仕事）、occupation（職業）そしてposition（職位）という言葉が多く用いられていたようです。これはその当時、job（職務）という概念が未確立であったことの証左であるともいわれています。

☑ そもそも職務とは何か？

　職務(job)は、同様な義務、技量、知識、責任を包含する一群の職位(position)のことです。したがって、職務給の決定には賃金決定の単位である職務の編成、そして職務を確定することが、最初の必要な課題となります。このように、職位を明確にすることがもっとも基本的な要件であるにもかかわらず、これが不十分なことが多くあります。

　そもそも1つの組織が効果的に機能するためには、その構成員に対し、各々が最大限の貢献をするように仕向けなければなりません。そのためには、組織によって達成されるべき仕事を、個々人によって効果的に遂行されるような単位に分割しなければなりません。職務とは、このように分割された最小の組織単位のことです。仕事を別々の職務に分けるということは、遂行される仕事の管理に役立つだけでなく、これらの職務につく従業員の選択、人材の開発、動機づけにも役立ちます。

　つまり、職務とは企業が目指す目標に必要な仕事の種類を分担するもので、職位はそれぞれの組織全体の中で求められている仕事量によって決定されるものです。

　職位は一人ひとりの仕事の量であるため、これを意識しすぎると人を管

理している錯覚に陥ります。従業員が多くなると、その分職位も多くなり、効率的な管理が難しくなります。しかし、管理しているのは人そのものではないため、類似の職位を一まとめにして職務を編成し、管理することが求められてきます。

しかし、日本では職務や職位の内容を明確にすることなく、かなり漠然と人を採用し、採用後に「この人をどこで有効に活用しようか」と考えたり、異動や昇進させることを先に決め、「この人に何をさせようか」と苦心したりしています。

☑ 職務給と同一労働同一賃金

賃金は、労働者の側からみれば生活を維持するための生計費ですが、企業側からみれば労働の代価です。代価であるということは各々の労働の価値に応じた額ということになりますが、原資が決まっている以上それは自ずと相対的な評価によるものとなります。

では、労働の相対的なレベルはどのようにして測ることができるのでしょうか。

その尺度は、第一に仕事の難易度です。難易度によってその仕事を遂行する労働者に課せられる精神的、知的、肉体的な要求レベルは異なってきます。

第二の尺度は、その仕事について発揮された能率の差異です。すなわち、同じレベルの難易度の仕事であっても、高い能率を示した場合には、労働給付の程度は当然高いということになります。なお、労働給付のレベルは、その難易度と能率度により示されますが、「職務評価」によって仕事の難易度が、「能率評価」によって能率度が測られます。

賃金が労働の代価ということは、賃金と労働は等価であるべきということになります。そして、上記の分類にならえば、職務評価に基づく賃金が職務給であり、能率評価に基づく賃金が能率給ということになります。とはいえ能率給は、仕事の難易度が同じ場合にはその仕事の能率度の差異に

10　第1章　職務分析・職務給の成立ち

よって賃金の格差をつけることから、能率給は職務を基礎におく賃金ということになります。

賃金は労働の価値であり、代価であって、人の特性につけるものではありません。したがって、賃金は職務給であることが当たり前で、欧米で問題視されるのは職務評価という職務給設定の技法です。

職務給は職務の賃金率であり、しかも階層化された賃率（職階給）構造または体系のものです。一組織内のすべての職務が職務評価の技法を経て一定の職階（級）に編成され、この職階（級）に応じて賃金率が設定されて、はじめて職務給といわれることになります。したがって、日本のように賃金体系中の1項目として部分的に支給されている職務給は、本来の職務賃金率とはいえません。

これは、職務給が当たり前でない日本の賃金制度が、やはり欧米とは異なる日本の社会観、価値観、職業観、労働観などに大きく影響されていることを示しています。

そもそも職務給は、同一（価値）職務同一賃金という考え方に基づいて賃金を決定するものです。これは、同一職務に包含される職位は、いずれも労働の量・質が同一であることを前提とするものであり、同一の労働に対しては同一賃金という考え方を実現するものです。

すなわち、職務は異なろうとも同一職務価値と評価された職務は一括して同一賃金とするという考え方です。したがって、職務給は職務価値別に賃金を決定することになり、職務価値の大小が賃金の額を決定することになります。

☑ 経済学における賃金理論と同一労働同一賃金

賃金理論は本来、賃金が労働者一人ひとりに対する労働の代価であることを理論的に把握することを目的としています。したがって、基本的には、労働者の賃金はその個人が持っている生産能力に依存しています。しかし賃金（理論）は、個人が持っている生産能力だけでなく、その時代、

I 職務分析・職務給の歴史と現況 11

その国の経済・社会事情のもとでの労働市場環境、賃金の決定を支えている諸制度や労働組合（交渉力）そして支配的経済学説などによって性格づけられています。

物の値段は市場価値で決まります。例えば、大きく、甘く、色つやの良い、希少なりんごで有名な産地のものは高い値段がつきますが、そうでない物は安値になります。つまりこれは、購買者の判断基準による値つけといえます。一方、競合店が近くにあれば、これとは別の基準が働きます。つまり、同じ程度の質のりんごであれば、競合店と同程度の値段あるいはそれよりも安くして販売することになるでしょう。いわゆる市場競争価格です。当然、地域や季節によっても価格は変動します。

職業もこれと同じことがいえます。機械加工技能者で高難度物が加工できる上級者は、高値つまり高賃金となりますが、そうでない者はそのレベルに応じた賃金となります。もちろん、労働市場において、労働力が不足している場合はその労働の賃金が高くなりますし、過剰になれば賃金が低くなることもあります。また、労働が高度な技術によって機械に取って代わられた場合は、価値が無くなり消えていくこともあるでしょう。先のりんご同様に、地域、季節（時代）によっても労働の価値は変わってきます。

ここまでは「りんご」と「労働」は同じ目線で説明できます。しかし、日本の労働市場はこれとはまったく異なる要素が存在しています。すなわち、同じ技能レベルが求められる職務であっても、日本では企業によって賃金が異なるのです。欧米では同地域であれば、同じ職務ならどこの企業であってもほぼ同じ待遇となる職務給、つまり経済学の一物一価＝「同一労働同一賃金」が労働市場において追究されています。ここには正社員と非正規社員という雇用の階層は存在しません。この原則から外れた派遣労働者については、欧米でも問題視されているところです。

「追究されている」と述べた通り、経済則である「自由な市場経済において、同一の市場の同一時点における同一の商品は、同一の価格である」という一物一価の原則を労働と賃金に置き換えた「同一労働同一賃金」

12　第1章　職務分析・職務給の成立ち

は、本来的に実現することはあり得ません。しかし賃金政策（福利厚生含む）の目的は、労働市場が均衡状態にはないにしても、労働者に対して、可能な限り自由で平等で、「社会的公正」にかなった労働条件の実現を目指すことにあります。

したがって、諸外国ではこの実現を目指し、過去から次のような取り組みをしているのです。

アメリカでは、1963年に同一賃金法が成立し、同一労働同一賃金を以下のように規定しています。

(1)　2つの職務が同一の職務とみなされる条件とはそれぞれの職務に要求される①スキル、②労力、③責任が同じでかつ同一の労働環境下で遂行される場合である。

(2)　使用者は、事業所内で、「その遂行のために同一の技能、努力および責任を要し、かつ、同様の労働条件の下で行われる職務」における同一労働に対して、被用者間で性別による賃金差別を行ってはならない。

　　しかし、その賃金差別が、①先任権制度、②業績給、③生産の量や質による出来高払制度、④その他の性別以外の要素に基づく差異による場合は違法ではない。

このように、何をもって同一価値とするかという判断基準と、これに対する例外が明確に規定されています。

EU諸国でも、法制化はされていませんが、人権保障の観点から、性別など個人の意思や努力によって変えることのできない属性等を理由とする賃金差別を禁止することが法原則とされ、雇用形態に係る不利益取扱い禁止原則の枠組みの中で対処されています。

また、イギリスでは、1970年に成立した同一賃金法を1983年に改正し、「同一価値労働」を新たに条文に盛り込み、職務評価制度のない企業の労働者にも賃金差別の申立ての道を開きました。その後、2010年に新たな平等法が成立、同法に置き換えられる形で同一賃金法は廃止されまし

Ⅰ　職務分析・職務給の歴史と現況　13

た。

☑ 賃金史における職務給理論の芽生え

　資本主義の初期において、資本家は資本の蓄積を推し進めることに注力したため、労働者が保護されることはなく、長時間労働や賃金の切下げなど極端に酷使されていました。したがって当然のことながら、この時代に能率が問題となることはありませんでした。

　産業革命の後期になって労働者の団結が始まり、イギリスでは 1847 年に 10 時間労働法が成立しました。1871 年には、最初の労働組合法が制定され、労働者を無制限に労働させることができなくなったことから、一定時間の労働に対する反対給付としての賃金が成立しました。さらに、団体交渉と工場法による標準労働日の確立によって、ようやく賃金も近代化されることになりました。

　この過程で、能率の問題が生じてきました。特に、アメリカにおいて能率の研究が進みましたが、その背景には、①移民を中心とした不熟練労働者によって労働が供給され、その管理が問題化していたこと、②労働組合の勃興、③労働力不足による賃金の高騰がありました。これらによって、労働力の効率的な活用が迫られていたのです。

　当時のアメリカでは、単純出来高制のような能率増進策によって、労働者の自発的な勤労意欲を喚起しようとしていました。しかし、能率が上がると賃金が上昇してしまうことから、資本家によって賃率が切り下げられることになり、これが組織的怠業を引き起こし、結果的に能率の低下につながることになりました。このため、能率増進のための刺激的賃金制度が研究され、労働者に利潤を配分しようとするタウンの分益法（1886 年）、能率の向上部分に対してプレミアムとして与えるハルセー（1890 年）や賃金の切下げの防止をねらったローワン（1898 年）の割増賃金制が出てきました。しかし、能率増進に伴って賃金が高くなると、常にこの引下げが行われたため、インセンティブにつながることはありませんでした。

こういった時代の中で、怠業をしている労働者を目撃したテイラーは、その原因を探求し、能率の基準を科学的に研究する科学的管理法による差別的出来高給制度を確立しました。この制度によって、能率給の制度は新しい段階に入りました。

以上のように、アメリカにおいては近代的な能率給制度が比較的早い段階で発展しました。それに関連して、標準課業の設定を通し個々の労働の内容を精細に規定する努力が長い年月をかけて行われ、個々の職務が標準化されていったのです。そして、この標準化された職務に対して一定の賃金が支払われる慣行が先行していました。

☑ 賃金制度の分類と理論

賃金制度は、次の4つに分類することができます。

まず1つ目は、時間給制（図中①）。これは、標準課業を達成した場合の賃金収入を基準として、これを達成できなかった場合の収入の不足、これ以上を達成した場合の収入の超過を雇主が全部負担あるいは収得する賃金制度です。

次に、この不足・超過を労働者の方が全部負担あるいは収得する制度を出来高給制といいます（図中②）。

さらに、超過収入を雇主と労働者との間で配分する制度（図中③）を可変配分制、不変配分制といいます。

そして、能率の増進に伴う賃金収入の増加を、小刻みに個別的に、経験的に決定していく制度（図中④）が、経験的ボーナスです。

当然、時給制はそのままでは能率給になりません。したがって、時間給制を基準にした能率給は、標準出来高に達した際には2割増しにするような制度にします。

経験的ボーナス制度としては、代表的なものとしてエマースン制があります。これは、標準能率に達するまでの一定段階（66％まで）は賃金を保証し、67％から100％までは経験的ボーナス制とし、100％で賃金が2割

Ⅰ　職務分析・職務給の歴史と現況　15

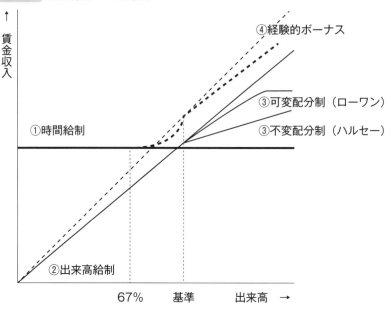

図表 1-2　賃金制度 4 つの分類

増しになり、100％以上においては出来高給制（ハルセー割増制）とする制度です。

　能率給である個数賃金制（出来高給制）は、単価の切下げが行われたことから、労働者が能率を抑制（怠業）したのは必然で、この解決方法として、テイラーの科学的管理法が登場し、精確なタスク（課業）の設定、およびそれに基づく精確な単価の決定が行われることになりました。これによって、単価の切下げをしなくてもタスクの達成度（能率）で賃金を刺激すれば良いことになりましたが、その反面、労働者には高能率が要求されることになりました。

　テイラーの差別的出来高給制は、基準出来高払賃金を基本とし、標準能率以上の労働者にはこれより大幅に高い賃金を支給し、標準能率以下の労働者にはこれより一層低い賃金を支給するという、非常に賞罰が効く賃金形態となっています。この結果、懲罰的に厳しい低賃金を課すことになってしまったり、標準能率を達成するかしないかのわずか1％の相違で賃金

図表 1-3 テイラーの差別的出来高給制

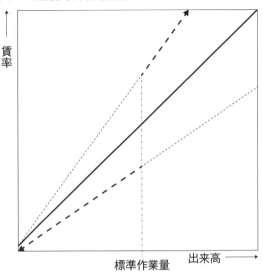

に大きな相違が生じてしまったりするという問題がありました。

　この問題の解消のため、ドワイト・メリックは、差別的出来高給制の修正をしました。それは、低能率の労働者の能率増進のために、これまでの差別的出来高給の2率制に、83〜100％の能率の場合は低賃率の10％割増しをした賃率を設ける3率制としたものでした。

　テイラーの研究は、すべての作業を課業として労働者に与えるために、その作業を完成するために要する標準の時間を導き出すための研究でした。ただ、テイラーの「標準」は、能率において最高の水準を基準とし、労働量を測定するための共通の測定単位はありませんでした。

　そこで、アメリカの能率技師であるシャルル・ビドーによるビドー作業研究が登場しました。これは、単に時間研究による作業遂行の時間（所要時間）だけでなく、更にその速度（正常速度）、疲労研究（休息時間）、労働の緊張度の3要素を考慮するもので、この3要素の研究に基づいて労働の有効量を決定し、点数で表したものでした（1時間＝60点）。

　テイラーの科学的管理法の四大原理の中の1つに、「1日の大きな課業

図表1-4 ビドー管理（点数）法

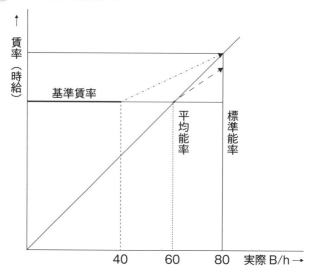

（a large daily task）。つまり、それは容易に達成されるものであってはならない」とあります。これは、一流の熟練労働者の時間測定（標準時間を決定する基準を得るための限界となる最大速度の作業時間）を前提とするものでした。

　一方、ビドーは、能率を測る基準を平均労働者の正常な速度を前提としています。また、テイラーは、標準能率を基準に賃金に大きな格差を設けたのに対して、ビドーは基準賃率を保証しています（図表1-4）。

　これにより、ビドーの賃金制度では、平均労働者の平均労働給付を60点とすると同時に、過度の努力なしに持続的に達成できる標準作業量を80点、基準賃率を40点としておくことで、平均労働量との差分を刺激できるうえに、高い基礎賃率を保証できるようになっています。さらに、60点を超える点数についてはプレミアム点数として割増給が与えられます。

　このビドー管理（点数）法は、能率給から「出来高は人殺し」というスローガンの嫌なイメージを払拭することに貢献したのと同時に、職務分析による基準賃率（職務給）が本給となる基礎を築くことになりました。そ

して、ドイツにおける協約賃金（最低賃金）の基本賃金の考え方は、ビドー管理法における基礎賃率に始まっています。

なお、基礎賃率である最低賃金に扶養家族を考慮する国は少なく、欧米諸国の多くは単身者の最低生活費を元に基礎賃率を設定しています。

もう1つ、公正な賃金のあり方について追究した重要な研究があります。現在の職務給の考え方にも影響を与えていますので、次にご紹介しておきます。

☑ エリオット・ジャックスの裁量時間幅方式

第二次世界大戦後のイギリスにおいて、精密機械メーカーのグレーシャー金属が、1948年以降継続的に科学的調査に基づく業務組織の合理化計画"グレーシャー計画"を推進しました。このグレーシャー計画の調査から得られた結果は、業務組織内に発生する社会的ストレスの最大の原因が、役割や身分の不明確な規定といった組織設計の不備にあるというものでした。特に、1人がいくつかの役割（複数課業役割）を担当している

図表1-5　能力成長曲線

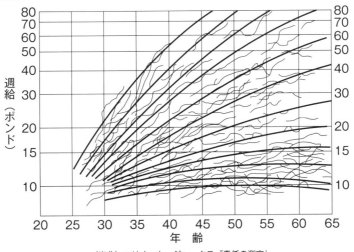

（出典）エリオット・ジャックス『責任の測定』

場合に、役割の混同が社会的ストレスを多く起こしていることがわかりました。

　なおエリオット・ジャックスは、この調査を含め21カ国の企業において個人ごとに経歴調査を行った結果、組織階層が高くなるにつれて、裁量行使の結果が直属上司によって検証されるまでの期間が長くなることが明らかとなりました。そして、この期間を「裁量の時間幅」といい、時間幅の長さと責任の重さが対応関係にあることを能力成長曲線によって示しました。こうした裁量時間幅概念に基づき、責任を測定しようとする技法が時間幅方式です。

　なお、裁量とは所与の目的を達成する手段の選択のことであり、時間幅能力とは裁量を行使することによって生ずる結果に耐えうる能力（能力の伸長には個人差はあるものの、ある規則性をもって向上する能力）の必要耐久時間の長さを測定したものをいいます。また、結果に耐えうる能力とは、①不確実性に耐える能力、②過去の経験を現在との関係で組織化する能力、③将来に起こるであろう事象を予見する能力をいいます。

　この結果から、執行者を時間幅能力に対応した7つの階層に分けたのが図表1-6です。

　ジャックスの最終目的は、公正な社会の実現であり、それを達成するための手段として、企業組織内において裁量の時間幅を基礎として仕事・能力・賃金を均衡させる理論を完成させました。そして、この賃金（時間幅方式により測定された仕事に対応する賃金）は、同一職務の仕事に同一賃金を与えるものでした。

　もっとも、ジャックスの賃金体系（これを公正賃金格差体系といいます）は、グレーシャー金属のスタッフのみに応用されただけですが、能力成長曲線の賃金管理への応用については、個人の年齢と現有する時間幅能力が把握できれば、過去の時間幅能力の成長推移から潜在的時間幅能力を推測できることから、合理的な人事管理を行うために広く活用しえます。

　ただし、能力の潜在向上性査定と、個人が実際に達成すると思われる仕事水準について管理者が行う査定とを混同しないことが大切です。

20　第1章　職務分析・職務給の成立ち

図表 1-6 時間幅方式　7つの階層

階層	時間幅能力	精神的モデル	内　容
階層1	3ヵ月以下の時間幅能力	具象的造形段階	具体的な目的を具象化できなければならない。
階層2	3ヵ月以上の時間幅能力	課業の定義段階	曖昧な目的を処理できなければならない。
階層3	1年以下の時間幅能力	課業の推定段階	与えられた規則から推定して仕事をしなければならない。
階層4	2年以下の時間幅能力	システムの変形段階	関連するシステム同士を比較考察することによって、それに替わる新しいシステムを開発しなければならない。
階層5	3年以下の時間幅能力	全体システムの造形段階	将来発生する事象を予測・計画する方法を構築しなければならない。
階層6	10年以下の時間幅能力	世界規模的環境での全体システムの定義段階	一般的な理論にとらわれず、外部からシステムを展望し、変化させながら、世界規模的な環境の中で仕事をしなければならない。つまり、将来を状況の趨勢や他人の行動から予測するばかりでなく、将来を形づくったり修正したりすることができる能力が期待される。
階層7	20年以上の時間幅能力	全体システムの推定的展開段階	現行のシステムを変形させることによって、あるいは企業からこのようなシステムを抽出によって、階層5のシステムを開発・形成・構築・管理しなければならない。システムや理論を構築し、それらを大規模的に社会に適用することが期待される。

※『イギリス経営学説史の探求』(幸田浩文) P.210～213 を筆者が表にまとめたもの。

図表 1-7 各年齢段階における仕事の最大時間幅

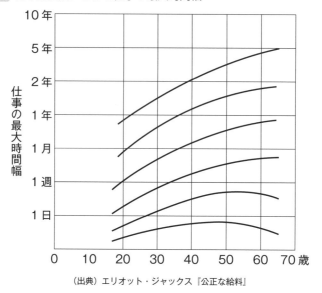

（出典）エリオット・ジャックス『公正な給料』

　そして、ジャックスのいう「公正な賃金」とは、あくまでも個人の職務における能力が増大し、仕事ぶりが向上するにつれて、仕事水準もそれに相応しいものとなり、これに連動して賃金水準も上昇することであって、潜在能力に合わせて賃金を決めることではありません。

☑ ブルーカラーの職務給と習熟曲線

　科学的管理法は、一流熟練者を標準者として、彼らが行う効率の高い行動（標準作業）でもって彼らのスピード（標準時間）でできることを目標（標準）とし、これの早期達成を目指して従業員を教育訓練していきます。
　そのため、従業員の標準時間で到達度を測る標準実績比率がでてきます。これは、習熟効果を表しており、実績工数を標準工数で除した数値（標準実績比率）です。つまり、従業員の作業工数が標準工数より少なければ、この指標は１以下になり、多ければ１以上になります。例えば、

上級者：実績工数 40 分÷標準工数 50 分＝標準実績比率 0.8

下級者：実績工数 80 分÷標準工数 50 分＝標準実績比率 1.6

となります。

　作業には当然難易度もあり、この難易度が異なる作業別に標準時間を設定することになります。

　第 4 章でご説明しますが、日本の多くの中小企業の生産現場では、作業の科学的追究が未だに不足しています。これらの企業において、熟練者（一人前あるいは一流）となるまで何年という基準には、根拠がありません。なぜなら、標準作業書が揃っておらず、このため教え方は属人的で、内容も安定していないためです。

　熟練者を育成するための期間は、標準作業・時間を構築するプロセスおよび作成された標準作業書を活用し、教育訓練に科学的なアプローチをすることによって十分に短縮することができます。しかしながら、これらを実施していないため、習熟するまでに時間がかかり、その分コストもかかることになり、結果として企業は高コスト体質になっています。もともとわが国では、歴史的に能率給を批判的にみてきたうえに、このような現状においてなお年功賃金あるいは能力給制度を維持しています。これでは、高コスト体質を助長するだけで、これを改善する方向には進まないでしょう。

　なお、ホワイトカラーに比べて、ブルーカラーの賃金は相対的にシングル・レートの割合が高いのですが、これは前項の時間幅能力にあるように各職務における責任の量や裁量行使の範囲も小さく、つまり熟練度（標準実績比率＝ 1）の習得期間も短期になることによるものであり、レンジ・レートであってもそのレンジが狭くなるのは当然のことです。設備の自働化、近年のＡＩ化によってますます熟練技能が機械に置き換えられる中で、レンジが今以上に広くなる可能性は低くなっています。

Ⅰ　職務分析・職務給の歴史と現況　23

☑ ホワイトカラーの職務給

　ホワイトカラーの場合は、労働組合が結成されていないことが多く、ホワイトカラーの職務給（以下、サラリーという）については、会社側は一方的に賃金体系を作ることができました。このためサラリーは、科学的管理法による職務分析を基礎としたブルーカラーの職務給とは別に、企業内では決定権者とその権限の範囲が大まかに規定されていました。

　実際、ＩＬＯ『職務評価と賃金管理』（1961 年）において、「職務評価では、管理職のポストはしばしば除外されるが、書記的職務や商業的職務も所外されるか、あるいは、全く別の制度による職務評価が行われる。」と記されていることからも、ブルーカラーとは異なる取扱いがされていることがわかります。

　この理由としては、ホワイトカラーの仕事が対人的な要素が大きく組織・管理的であること、多様で非定型的であり判断を要する業務であること、グループで行う業務であること、仕事上の権限・責任および予算が大きいこと、指揮司令およびリーダーシップの発揮が求められることなど、比較的内容の限定された固定的なブルーカラーの職務とは異なることが挙げられます。このため、サラリーについては、時間幅能力および人事管理の観点から見て、賃金幅をもたせる（範囲職務給）ことになります。

　また、サラリー水準（ポリシーライン）については、基準職務（どの企業にもあるような職務）について定期的に世間水準と対比させながら設定します。

☑ 同一労働同一賃金の原則の芽生えと発展

　同一労働同一賃金の原則は、ヨーロッパにおいて 16 世紀ごろから始まる女性解放運動と連動し、労働組合が男女間の賃金差別をなくす目的で提唱されたものです。ヨーロッパの労働組合は、かつて「職務に対する賃金

率の原則」をかかげて職種別熟練度別賃金率の全国的設定、つまり横断賃金率のために闘いました。

そして現在、ＥＵでは、同一（価値）労働同一賃金に関しては、①性や人種等の属性による雇用差別の禁止、②雇用形態による不利益取扱いの禁止という二つの面から法令が整備されています。

アメリカにおいても、女性解放運動の中で 1848 年に女性賃金差別の撤廃が要求され、また産業別組合会議も創立以来、同一労働同一賃金の原則が正しいことを認め、後にこの原則の実行を確かなものにするための措置をとっています。1913 年にアメリカ労働省が設置され、戦時労働局は 7 つの原則の内の 1 つに「男子または婦人によって行われると否とにかかわらず同一労働同一賃金たるべきこと」と定めていました。

1919 年には、国際労働機関（ＩＬＯ）が創設され、国際労働憲章 (国際労働条約) において「男、女子とも同一の価値をもつ労働に対しては同一の賃金を受けるべきである」と宣言しています。

なお、ＩＬＯ叢書『男女同一勞働同一賃金』（国際労働局・同局日本駐在員編譯、1949 年）には以下のように記されています。

（略）だんだん多くの國々や産業が、男女の賃金の間にある関係をこれと違った、もっと実際的な角度から取扱うようになってきている。既に述べたように、一般に『職務賃率』として知られている原則に従って、仕事に従事している労働者の性別を考えずに、行われた仕事をもとにして賃金率をさだめようとして努力が拂われている。同一價値の労働には同一賃金ということは、仕事そのもの以外の要素とは関係なくさだめられている。同一作業に従事している男女労働者、或いは男子に代わっている女子には、同じ賃金率とボーナスとが拂われる。しかし、男女が厳密に同じ仕事に従事しているのではない場合には、問題が起きる。仕事をする労働者の男女別に関係なく、いろいろな仕事の分類されたものについてさだめられている率（時間率または出来高

率）で仕事の価値があらわされるのだから、行われる仕事の比較価値を正しく査定する方法を工夫することが必要になってくる。これは結局、同じ基礎で男女の賃金率をきめることになるのである。たとえば、出来高拂いの賃金率は、男女何れの労働者に対しても、同一の時間賃金率を基礎とし、この時間賃金率に対する同一の男女双方の労働者に対してさだめられるのであって、割増率によってきめられ、また時間賃金率以外の基礎によって出来高賃金率をきめる場合でも従事しているのが男子であろうと女子であろうと同じ賃金率になるのである。時間拂い仕事については、仕事の種類にもとづく職階給制を確立すれば、解決されるだろう（略）

このように、もともと同一価値労働同一賃金は、性別による賃金差別をなくすことが目的でしたが、同書では職務賃率の実現によって、労働者の性別を考える必要すらなくなってしまうことをも示しています。これこそが、賃金の不公平さの排除を狙いとした職務給のあり方です。

アメリカにおける職階給の歴史の中では、1836 年から書記的職務に従事する政府職員による "equal pay for equal work"（同一労働同一賃金）が請願され、その後、法制化されていくなど、性別を越えた概念であったようです。

☑ 日本における同一労働同一賃金

日本の人事管理の実態はどう捉えられているのでしょうか。

例えば「個別企業の正社員について、大括りにされた職務系列を横断する形で同一価値の労働に対して同一の基本賃金が支払われていることや、同一価値の労働であるかどうかの判断が労使の合意に基づいて決められていることを根拠に、今の日本で同一価値労働同一賃金の制度が成立している」という意見や、「内部労働市場では職務系列横断的な同一価値労働同

26　第 1 章　職務分析・職務給の成立ち

一賃金というルールが、また外部労働市場では地域別・職種別の同一労働同一賃金というルールが形成されている」などという意見もあり、依然混乱しています。

同一価値労働の価値を能力評価においた属人給（職能給）が多く採用されている日本の人事制度は、同一価値労働同一賃金といえるのでしょうか。

職務を担当する労働者に対して求める労働能力に基づいて決定する職務給と、職務を担当する労働者が保有する労働能力に基づいて決定する職能給とは、職能給の場合において適材適所が完全に実現されていない限り、同一のものではありません。このため、正確な職務給の定義について、賃金の歴史を含めて解説していきます。

☑ 日本の賃金史における職務給

第一次世界大戦後になると、日本においても「能率増進」、「産業能率」、「科学的管理法」などの用語は定着していました。このような中にあって、臨時産業合理局生産管理委員会は、1932 年発行の『賃金制度』（日本工業協会）において、奨励給制度に職務給を導入することを提言しました。そこでは、「現在ノ様ニ年功ヲ加味シタ箇々別々ノ時給デナクテ一職場内ノ労務者ノ給額ハ職場ノ難易ニヨツテ数階段ニ分チテ職務給トシ、之レヲ奨励ノ計算ニ用フベキデアル」としています。

そして、当時の賃金に対して、「稍々老齢デアツテ、生産能力ガ低下シテ居ルモノガ、少壮デ生産能力ノ高イモノニ比ベテ、却ツテ日給ガ高イ様ナ場合モアル。又所謂技量ニ対スル給料モ、今少シク詳細ニ観察スレバ、現在ソノ労務者ガ従事シテ居ル仕事ニ於ケル生産能力ニ対シテノ評価デナクテ、従事シテ居ナイ種類ノ仕事ニ対シテモ、一般的ニ観察シタル技量ヲ評価セラレテ居ル場合ガ多イ」と、年功給の問題点を指摘しています。ただ、「之レハ技量ニ対スル給料ハ生産ニ対スル報酬デアルト言フ観念カラ考ヘレバ不合理デアル。尤モ上記ノ如キ労務者ハ多種ノ仕事ニ対シテ融通

Ⅰ 職務分析・職務給の歴史と現況　27

性ヲ有スルカラ互換制度ヲ採用スル場合ニハ至極便利デアル。従ツテ之等ニ対シテハ加給其他ノ方法ヲ以ツテ優遇スベキデアル」とし、多能工に対する能力給的配慮を勧めている部分で本来の職務給と異なっていることがわかります。

とはいえ、この中で、「年功給等ヲ支給スル必要アル場合ハ他ノ方法ニヨツテ別途支給スルコトトシ、奨励給ノ基礎トシテハ、仕事ノ難易ニ比例スル基本給ヲ定ムベキデアル」と職務給を確立すべきであると謳っています。

しかし残念ながら、この臨時産業合理局による提案は企図しただけに終わり、戦時における皇国賃金勤労観などの影響によって、生活給を重視した賃金形態に移行することになりました。

そして戦後になり、GHQ（連合国総司令部）は次々とインフレ・失業対策を講じ、その1つが賃金統制令の維持継続でしたが、この賃金統制が撤廃されたのは1946年（昭和21）9月でした。この間、GHQ は米国労働諮問委員会を招聘し、生産能率向上のための職務給の確立を勧告しています。また、これを受けて、公務員には職階制の導入が打ち出され、1947年（昭和22）4月、国鉄に公務員初の職階職務給が導入されました。

さらに、1948年に結成された日本経営者団体連盟は、1950年の「新労務管理に関する見解」において、「徒に仕事内容と無関係な身分制の固定化と給与の悪平等」を排し、「仕事の量および質を正確に反映した」職階給制度の導入を唱道しました。職階制の効果として「同一労働同一賃金の徹底」も挙げています。

この点は政府側も同様で、経済安定本部は1946年「賃金支払方法に関する基本方針案」を策定し、能率給への移行を唱道しています。労働省労働基準局も、職務給研究会を設置し、「従来の生活給本位の賃金」から「真に労働の質と量に適応した賃金体系」を採り入れるべきとして、賃金制度の合理化指導を実施しています。そして1948年5月に「国家公務員の職階制に関する法律」が公布され、公務員に職階制が導入されました。その後の職階制の実施レベルについては、給与法の改正などもあり以前の

身分制に変更されたため、職階制というには疑問がありますが、この職務給体系の導入は戦後の賃金政策に大きな影響を及ぼしたことは事実です。

その後、職務給は日本的に修正され、低経済成長期に入ると合理化政策の中で何度か推進される機運もありましたが、職務給に対する理解不足と環境の未整備のため適応が難しかったこともあり、1960年代後半、電産型賃金体系の中にわずかにある能力給が源流ともいわれる職能給に大きく転換されることになりました。

そしてバブル経済崩壊以降、成果を明確にしていく時代となり、これまで主流であった職能給は、保有能力という属人的要素をベースとしていたことから皮肉にも年功的運用がなされてきたことや、職務と職能の不一致性があることから大きな転換期を迎えることになります。

当初は、成果主義と称し、戦後同様にアメリカからの職務給の導入が図られましたが、やはりこれも日本的雇用慣行に阻まれ失敗に終わりました。そこで現れたのが、役割給です。職務給同様に仕事基準の賃金なのですが、業績（成果責任）はもちろん、これまでの職務遂行能力（保有能力）に代わり、顕在能力を評価の対象とするものです。

そして現在、働き方改革において「同一労働同一賃金」が叫ばれる中、職務給（役割給）が再び注目されることになりました。

☑ 職務給に対する批判

アメリカでは、ブルーカラーはもちろん、労働時間の長さと期待される結果が比例しない創造的業務を担うホワイトカラーも職務等級制度です。

しかし日本では、人事慣行上、職務等級制度が定着することはありませんでした。なぜなら、「職務」の捉え方が曖昧なため、人の「能力」を見てしまってきたからです。また、労働組合は、1960年代後半以降、賃金が低いレベルで固定化されるという理由などから職務給に反対してきており、職務等級制度に対するイメージはさらに悪いものとなっています。

また、日本経済団体連合会（経団連）は、同一労働同一賃金を掲げなが

Ⅰ　職務分析・職務給の歴史と現況　29

ら、「わが国企業における良い雇用慣行が失われることが強く懸念される」と述べるなど、職務給の導入に対して前向きではないようです。日本労働組合総連合会（連合）も同様で、2017年度『連合白書』では、「賃金の底上げ・底支え」「格差是正」とはありますが"同一労働同一賃金"という用語が出てこないことを見ても、職務給への態度は明らかです。

そこで、労使ともに、なぜ職務給に抵抗感を示すのかについて整理しておきます。

(1) 日本の歴史的・文化的な自己観や組織観からの批判

そもそも職務給とは、簡単にいえば職務分析・職務評価に基づいて支払われる賃金です。職務給を導入することは、労働市場において同じ種類の職業の労働者に対しては、その労働者が働く企業あるいは産業によって賃金の差をつけないことを目指すということになります。

しかし、以前から職務給への批判は、枚挙に暇がありません。代表的なものを挙げると以下のようなものです。

---

①職務・ポストの固定化につながり、柔軟性に欠ける

②労働者の細分配置によって労働組合の弱体化につながる

③職務分析・職務評価という煩わしい作業が発生する（組織や職務変更時のメンテナンスが面倒で運用が難しい）

④分析的職務評価法は、科学的技法ではなく、科学的らしいというだけのものである。

⑤低賃金の固定化につながる

⑥労働の何をもって同一にするかという、同一労働の範囲を明確にしていない

⑦そもそも、わが国には職能別組合や歴史的な職能別賃金の基盤がない

30　第1章　職務分析・職務給の成立ち

上記の批判に対する回答は後に具体的にみていくとして、これらの批判の根底には、日本の歴史的・文化的な自己観（社内調和を優先し、個人の責任追及をしない傾向にある相互協調的自己観）と、これに基づく組織観や職業観があり、それが職務給に対する理解が進まないことを助長しているように思います。

　そもそも日本の職工の賃金は、近代化が始まる明治初期から中期までは、職種別に、その技能レベルに応じて決まる賃金に始まり、非常に厳しい刺激給、賃業給でした。しかし、明治30年代から先覚的な一部の近代企業では、企業における技能教育と学校教育の融合によって、企業内で積極的に職工を合理的労働者に育て始めました。それにより、低賃金で質の高い若年労働力を吸収することができ、優秀な人材が育成される過程で定着率は向上、技能の発揮が実現され、年功賃金が生まれました。

(2) 「同一労働」への認識の薄さ

　同一労働同一賃金を実現するためには、同一職業の労働者が集まり、横断的労働組合の組織を作ること、そしてその職業については、その労働組合が労働市場において独占的な力を持つことが前提となります。しかし、職能別組合や、歴史的に職能別賃金の基盤がない日本では、欧米的な同一職業という意味での同一労働に対する認識が薄いため、労働に対する企業別賃金の格差、産業による賃金の格差をなくしていく取組みによって同一労働同一賃金を実現していかざるを得ません。

　戦前・戦後において何度となく職務給の導入が図られ、戦後、労働組合側もこれを指向した時期もありました。しかし当時、一般の労働者が職制に比べて賃金が低くなったこと、職務給の技術的中心である職務分析・職務評価が企業への貢献度という主観的な判断によってなされたことから、これらが労働者のより高い賃金を得たいという気持ちを刺激して職制への従属を強め、労働組合の弱体化を招くことになり、不幸にも職務給反対闘争につながってしまいました。この結果、日本では長年にわたって年功序列賃金と化した職能給が運用されてきました。

I　職務分析・職務給の歴史と現況　31

これによって搾取がなくなり賃金格差が改善したかといえば、皮肉にもその逆の結果になっているのが実情のようです。これには戦後、生活給の獲得を進めてきた企業別労働組合の存在のほかに、大企業と中小企業の社会的な序列観念や、二重構造といわれる経済構造が関係しています。

☑ 欧米の職業史と職業観

　日本に職務概念が定着しない背景について、欧米との違いから見ていきましょう。

　西欧には、古来より職業別組合が存在し、中世にはギルドが存在していました。ギルドは、労働組合とは異なり参加できるのは親方資格を持つものに限られており、徒弟制度と称される厳格な身分制度のもと、親方は職人・徒弟を指導して労働に従事させていました。

　また、14世紀のイギリスでは、賃金規制法により、ギルドに属することのできなかった非熟練労働者の賃金を決定しましたが、のちに熟練を必要とする職種にまで拡大運用することになりました。また、1563年の職人法令では、治安判事に賃金裁定を行う権力を与えていました。

　ところが、産業革命による工場の機械化、大規模化、商業の急速な発展と運輸・通信手段の改善、専門化の発展は、親方と被雇用者の利害をますます分裂させ、ギルドの衰退が始まりました。フランスでは、1790年にギルドが廃止されました。

　この流れの中で職人は、親方とは別個に団結（友愛協会や職人共済組合）を始め、雇用主に対して賃金要求を目的とした組織的怠業やストライキを行いました。

　これに対し、親方たちは団結を排除するために政府に働きかけ、1799年に団結禁止法が成立しましたが、これで団結が治まることはなく、1824年には団結禁止法が廃止され、同年に労働者団結法が制定されたことで、労働組合の結成が初めて法的に認められることになりました。

　このように、ギルドと労働組合はまったく異なる組織でしたが、労働組

32　第1章　職務分析・職務給の成立ち

合が同一職種の熟練工が組織する職業別組合から始まったことの底流には、職種別のギルドの存在がありました。職業別組合は、未熟練工を加えた同一産業の労働者が企業の枠を超えて組織する産業別組合に次第に移行していきました。

　また、イギリスでは1563年に徒弟法が成立し、これを通した職業訓練が1960年代半ばまで主流となりました。そして、1867年のパリの万国博覧会をきっかけとして、技能者を中心に国際競争に打ち勝つための職業教育を実施し、その成果として職業資格の授与をすることとしています。なお、ロンドン・シティ・ギルド協会は、現場徒弟制度の保護のため設立され、これは1900年からは国家による職業資格教育制度となっています。

　その後、工業化により手工業が淘汰されていく中で、手工業徒弟制度も衰退していくのですが、ドイツではヨーロッパにおいて最も強力な社会主義勢力が台頭していたため、これに対抗する労務管理政策として、手工業徒弟制度が重視されるようになりました。その結果、同制度は衰退することなく現代まで残り、工業熟練労働者の養成のため機能し続けています。

☑ 日本の職業の歴史と労働政策

(1)　日本の職業史

　日本においても、江戸時代までは「職道」ともいわれるように徒弟制度による職人養成が行われていました。13世紀から15世紀にかけては、在地名主としての武士層および不在地主としての貴族層や寺社に対してだけ手工業的労働を提供する、封建的な従属関係が存在していました。こうした関係のもと、職人の組織は「座」として形成され、1人の家内奴隷的な経営者によって統率、運営されていました。

　その後、16世紀から17世紀にかけて城下町に固着させられた職人層は、同業組合的な「仲間」を結成しました。この仲間は、座とは異なり、多数の雇用労働力を持つ経営者（親方）の結合によって構成され、ギルド

Ⅰ　職務分析・職務給の歴史と現況　33

的な構造でした。そして、仲間は手工業生産の封建的機構を温存、維持し、その経済的利益の独占を図るために加入組合員（親方）の人数を制限して自由競争による利潤低下を防止し、さらに組合員相互の生産状況を厳重に監視しあったようです。このために、各組合員は、それぞれ抱えている職人・徒弟層を仲間の掟書によって厳重に統制する必要があり、社会的規範としての徒弟制を整備する必要が生まれました。

ただ、この徒弟奉公を勤めあげて所定の義務を履行し、一人前の職人となった徒弟（弟子）が誰でも親方層になれたわけではなく、そのような可能性を持つのは、親方の子孫か、あるいは好機と財力に恵まれて親方株を譲り受けるか買い取ることができた一部の者だけでした。このため、頭打ちされた中間職人層が増加するにつれて、彼らは徒弟制の制約から離れていくようになりました。そして、それが明治時代には近代的生産関係となり、大部分の職人層は賃金労働者となりました。

さらに、19世紀末にかけて、企業は大量の非熟練労働者への移行を図ることになりました。当初企業は、欧米の技術・技能を受け入れるために徒弟制度のアレンジを試みたようですが長くは続かず、1899年（明治32年）には工業学校を設立し、三菱造船が三菱鉱業予備校を設立するなど、技能者の養成方法は変化していきました。このような流れの中で、徒弟制度は解体されました。そのうえ、当時の労働者の多くが農村など地方出身の若い人であったため、会社への不適応とこれによる帰属意識の希薄さによって当然に労働移動率が高くなり、徒弟制度の中で形成されてきた職道はますます失われていくことになりました。

第二次世界大戦前から戦中にかけては、「職域奉公」という標語に表されているように、労働者は、国家組織への絶対的な帰属意識および滅私奉公の勤労意識を要求されました。この標語は、当時の労働者がむしろこのような意識を持っていなかったことを物語っており、これが戦後、再び労働移動率の高さとして表れることになります。

1950年代半ばからの高度経済成長において、若年労働力不足の中、終身雇用と年功序列制が次第に確立していきました。1970年代には大企業

だけでなく、中小企業にまで年功序列制は広く受け入れられ、若年労働者層による将来の高賃金（変更賃金）への期待は、転職の障害となってきました。つまり、本人のキャリア意識（理想）と現実にずれがあったとしても、将来の高賃金への期待から目の前にある現実（現職）を選択することにつながったと考えられます。

(2) 職業と労働政策

　労働政策的にも社会的にも徒弟制度が求められた欧米とは異なり、日本では（労働基準法により徒弟の弊害排除項目があるように）公的な徒弟制度は整備されませんでした。しかし、何かしらの人材育成システムは必須であることから、ＯＪＴとＯｆｆ－ＪＴを交えた企業内教育を実施し、自社の熟練工を養成するシステムを形成していきました。

　ただ、このようなシステムは、人材育成が企業の恣意や盛衰とともに景気に左右されてしまいます。このため、バブル経済崩壊以降の厳しい経済状況の中で、後世に引き継がなければならなかった資産（団塊の世代が持つ技能）の多くを失うことになりました。

　このように、政策的にも社会的にも江戸時代後期以降、徒弟制は消滅してしまいました。そして、それに合わせて技能養成システムを企業に任せ、労働者を企業内に閉じ込めていく過程で、日本の「職業」に対する価値や「職務」の概念は希薄になっていったものと考えられます。

　このような過程で形成された会社組織構造や人事管理制度が、これからの世界的な競争に晒され勝ち抜いていく若い世代を育成できるでしょうか。日本人が再び「職業観」を取り戻し、職への誇りを取り戻すためには、学校教育を含め、職業訓練のあり方を大きく見直すことがきわめて重要な課題となってくるでしょう。そして各企業においては、職務を基準とした人事管理制度の構築がこのために有効な手段となるはずです。

　ところが、政府の「同一労働同一賃金指針」（ガイドライン）は、ここまで述べたように日本と欧米のキャリア観と、これに連動した人事管理制度が明らかに異なっているにもかかわらず、欧米の判例を日本的に解釈す

Ⅰ　職務分析・職務給の歴史と現況　35

ることで、明確な職務定義もなく非常に曖昧な運用をしてきた職能給を肯定しました。

　現在の社会においてもなお、未だに職務の概念を曖昧なままやりすごし、それに疑問を抱かないままでいる方が少なくないように感じられます。

Ⅱ 職務分析・職務給の構造と活用

☑ 賃金構造を理解する

　日本では当たり前の「賃金体系」という言葉は欧米にはありません。賃金体系とは、与えられた賃金水準を個々の労働者にいかに配分するか、その賃金支払いの項目、すなわち骨格を示すものです。この賃金体系で、企業が何をもって賃金格差をつけようとしているかを確認することができます。しかし、欧米企業では、賃金が労働の代価であることが徹底されていて、生活給的な要素はないため、賃金体系という言葉が存在しません。日本において支給されることが当たり前となっている家族手当や住宅手当などは、職務の内容に関係がないため、これらを支給した場合、アメリカでは雇用均等法違反で賃金差別の訴えを起こされる可能性があります。

　また、年齢（基礎）給とあわせて支給される職務給や、手当として支給されているものなどは、厳密にいえば職務給体系とはいえません。まさに今、日本の賃金は考え方を大きく変えなければならないターニングポイントに立っていると思われます。

　日本以外では賃金体系という言葉はありませんが、「賃金構造」という言葉があります。賃金構造とは、一会社または一工場内における各種の職務に対する賃金額の相互関係、および他企業の一定職務に支給されている額との相互関係をいいます。この賃金構造が多少とも合理的とみなされるためには、まず職務の（会社内の）相互関係において賃金率に「公平さ」があること、次に会社が要求する各種職務の生産目的を満たすために、合理的なコストで適切な労働者を雇い入れ、また引き留めることができるようなものでなければなりません。

　つまり、賃金構造が合理的なものであるかどうかは、会社の払う賃金率

Ⅱ　職務分析・職務給の構造と活用　37

が、外部の雇用市場との関係で経済的に妥当性がある（つまり合理的である）かどうかが問題です。賃金構造が"合理的である"とする諸要件を満たすために、職務評価があります。

☑ 職務給の効用

仕事について、経営目標を達成するために必要な機能ごとに分割した最小組織単位が、職務（job）です。仕事を別々の職務に分けるということは、遂行される仕事の管理に役立つだけでなく、これらの職務に就く従業員の選択を可能にし、人材の開発、動機づけにも役立つものです。つまり、「職務を基準とした」人事制度とは、経営戦略・事業計画を踏まえた組織体制・役割分担（職責）と賃金・処遇を一体化できる人事管理制度であるといえます。

日本では、正社員と非正規社員の賃金格差の解消という側面から「同一労働同一賃金」が取り上げられ、これに対応し得る賃金として職務給が語られています。一方で、現在多くの日本企業で採用されている職能を基準とする賃金（職能給）も、本来は職務を明らかにしたうえで機能するものです。しかしながら、職務を明らかにすることが組織運営上最も重要であるということを、初めから見落としているように思います。

なお、日経連『職務給の研究』（日本経営者団体弘報部、1955年）では、職務給には以下の効用があるとされています。

(イ) 職務の内容、責任に応じた賃金の差異を設定することによって各職務に職務上の地位と実質とを反映した公正な賃金を確立することができる。職務の質の差に応じた賃金が支払われるから公平への心理的欲求を充たし勤労意欲の高揚を通して、労働生産性の向上を図り得る。

38 第1章 職務分析・職務給の成立ち

(ロ)　職務分析によって各職務の必要とする資格要件が明らかにされる
　　ために、教育訓練の方針が立てやすくなりまた、適材適所主義の
　　実現が可能となり業務能率の向上に寄与できる。

(ハ)　職務の相互関係が明確化されることによって職務体系が確立し、
　　責任と権限が明確になり、職場規律の基礎が確立され、またこれ
　　を通し職場の明朗化と、したがって業務の円滑な遂行が期待され
　　る。

(ニ)　職務内容の明確化によって無駄や重複も排除され、また標準化と
　　安定が促進され、作業改善、事務改善を促進し、事務、作業能率
　　を増進させ、組織とその運営の合理化に役立つことになる。

(ホ)　情実人事は拒否され、採用計画の確立、昇進基準の合理化が行わ
　　れ、人事管理の近代化に資するところが少なくない。

(ヘ)　定員制の確立と並んで人件費予算および採用計画の確立が容易と
　　なり、原価管理の合理化に有効である。

　しかし、自らの組織の原理・原則ですら把握できていない多くの日本企業においては、未だこれらの効用を活かすことができていないようです。

☑ 職務分析の定義と成立ち

　職務分析は、「職務を観察と研究によって特定の職務の性格に関する適切な情報を決定し、これを報告する手続き」のことをいいます。

　職務分析には、①オペレーション職務分析と②人事管理上の職務分析の2種類がありますが、人事管理上では、当然、職務（役割）評価のための分析（職務を遂行する人の熟練、努力、精神的特性の探求）という意味合いが強くなります。

　各機関、識者の職務分析の定義を示すと以下の通りです。

Ⅱ　職務分析・職務給の構造と活用　39

①観察と研究によって、特定の職務の性格に関する適切な情報を決定し、これを報告する手続きである（アメリカ労働省『職務分析』）

②分析者がその分析の対象とする職務について、観察をもとにして、職務を特徴づける一連の諸要因につき考究をほどこすことにより、その職務の性質をあきらかにし、かつ、それを適切な記述資料に作成する手続きである（労働省職業安定労働市場調査課編『職務分析手引書』）

③労務管理の具体的実施をはかるための基礎資料を獲得するために、職務の内容を解詳してゆく操作である（藤田忠『職務分析と労務管理』）

④職務または職位の内容、および、それらを限定的に意義づける要素を叙述する事実を組織的に提示し、記録することである（ティード＆メトカルフ『人事管理』）

そもそも賃金の歴史は、既に述べたように、能率増進を刺激する単純出来高給から始まります。そこから、経営者による賃率の切下げと労働者の怠業を経て、テイラーによる「動作研究」や「時間研究」（オペレーションの職務分析）に基づき、１日の標準作業量の決定を前提とした「課業（task）管理」の体系がまとめられました。そして、これに連動させた差別的出来高給が生まれたのです。その後、作業の規格化・標準化（テイラー・システム）から、移動組立法（ベルトコンベア方式）を駆使した製品の規格化・標準化（フォード・システム）が中心となりました。その結果、熟練者は不要化し、仕事は「職能」とか「職種」と呼ばれていたものから「職務」（job）へと移行、単純な仕事（職務）が出現し、各職務は分類、格付け、階層化され、厳格な職務給（１日に基準とされる賃率）が導入されました。

第一次大戦前後から職務分析は、「労働力を機械や部品と同列に扱うのではなく、能力・興味・適性を考慮すべきである」という「Man power」の理念から、重要な人事労務管理の技法となり、1922年には、国立人事

40　第１章　職務分析・職務給の成立ち

労務協会により「職務分析は、職務の構成要素の規定と仕事遂行のために必要な人的資源の確保のプロセスである」と定義されました。1920年代までに、多くの企業で人事労務のデータの要として職務分析が導入され、これに基づいて職務記述書や職務明細表などが作成されていきました。同時に、アメリカ陸軍の人事委員会の研究成果である「知能テスト」や「人材の分類法」とともに、「職務分析」が企業に導入されることによって、労働者の「適正配置・訓練」などが生成期の労務管理（とりわけ労働力管理）の最も基本的な管理技法となりました。

つまりこの時期に、それまで産業技術部門で実施されていた動作・時間研究による各労働者の企業に対する貢献の量的側面を測定する研究（オペレーションの職務分析）以外に、人事管理上の問題として各労働者の企業に対する貢献の質的側面の研究としての職務分析が始まることになったのです。

そして、1930年代の恐慌後の産業合理化のもとで、職務の多様化・単純化・専門化がさらに進んだことにより、各職務相互間の関連づけ（各職務遂行の難易度）が問題視されるようになりました。それから、労働者の不平・不満とこれに伴う反抗と能率低下を解決するため、各職務の序列づけ、つまり「職務評価」の導入が図られることになりました。

動作・時間研究によって「1日の標準能率」が均衡化され、職務分析・評価によって「1日に基準とされる賃率」が職務間で均衡化されました。なお、1日の増分能率に対する加給は配慮されていましたが、"超過価値に対する1日の加給"については人事考課制度が導入されることで均衡化が図られることになりました。

例えば、ドイツでは、職務給の上乗せとして、能率賃金があり、それはさらに「アコード賃金」と「プレーミエン賃金」に分かれています。アコード賃金は、基本的には能率給であり、標準時間あたりの作業量を上回った場合（標準時間より早く作業した場合）、その能率向上の度合に応じて支給されます。なお、能率の算定にあたっては、個人の作業を対象とする「個人アコード」と、グループの作業を対象とする「集団アコード」

Ⅱ　職務分析・職務給の構造と活用　41

があります。アコード賃金は本来の考え方からすれば、生産能率と賃金が正比例しており、シンプルで透明性があります。これに対して、プレーミエン（プレミアムの意で複数形、単数形はプレミー）賃金は、生産量だけでなく、品質や納期といった要素を勘案したり、効率化・経費削減などの要素を取り込んで成果を算定します（日本の品質管理手法である「カイゼン」の要素も影響を与えています）。この対象は、アコード賃金同様に個人の場合と集団の場合があります。

☑ 職務分析と労務管理

テイラーの科学的管理法の四大原理の中には、「標準化原理」があり、これは「労働者各人には、その課業として十分な1日分の仕事を与えるべきで、労働者には、課業を確実に完遂できるような標準化された諸条件と器具が与えられるべきである」としています。したがって、労働者の科学的な選択、教育、訓練が重要性を持つことになります。

アメリカにおいては、第一次大戦中に兵力増強とその効果的利用という観点から、陸軍に「人事分類委員会」が設置されました。その際、産業心理学は各部隊に必要とされる人員の質と量の決定・各人員の能力測定・人員配置など、人員適性に関する各種の測定方法の開発において重要な役割を果たしました。

当時の産業界は、労働移動の増大という現実的かつ重大な問題に直面しており、その原因が労働者の能力と職務との不適合にありました。このため、労働者の人間的取扱いを理念とする産業心理学を重視し、それに立脚した職務分析・職務記述書・選抜テスト・適性検査・雇用面接など、新たな管理技法が労働問題解決のために開発・応用されていくことになりました。

☑ 日本における職務分析

　日本における職務分析は、日本生産性本部『職務分析』（昭和32年）によると、「第一次大戦中から昭和初年の産業合理化時代にかけて、わが国の陸海軍および民間産業が、職務分析に力を注いだ」のは、「『遂行されるべき業務の内容』、『業務遂行上の要件』および『必要な教育訓練』を解明しよう」としたもので、「作業者の選抜の基礎データを得ることがねらい」でした。

　大正後期、伍堂卓雄（当時大佐）は、海軍呉工廠で兵器生産の現場（砲煩部）に挫折を繰り返しながらも科学的管理法を導入し、実践しました。規格の統一のためのリミット・ゲージ・システムや、動作研究による時間管理、そして生産体制の合理化をめざす職能的職長制度など、これらを工廠全般に展開しました。これらはさらに、効率追求から経費節約を目的とする原価計算の導入へと進化し、1930年代には産業合理化・安全運動なども加わり、呉工廠の科学的管理法は「日本最初の革新的出来事」とまで称されました。

　その後、「第二次大戦後、職務分析として若々しく再登場したのは、職務評価と相ともに、職階給与制度の基礎データをうるため」でした。

　しかし、当時の職務分析は、職能資格制度へ移行する過程で、その内容が職務調査、つまり、職務内容を明らかにすることから等級基準に期待される能力を明らかにすることに大きく変化していきました。そして、この職務調査さえ実施されない状況に陥っているのが現状です。この背景には、日本企業では人事部が人事権を持ち、事業や業務内容を理解できていないにもかかわらず、強い権限が集中していることがあります。欧米企業では、一般的に人事権を事業部長、本部長、部長が持っており、事業内容の変化に合わせた人事施策と人事管理（事業に必要な人的資源を適切に確保、維持、有効活用する）を行っています。

　中央集権的な人事権を持つ人事部が、全社的な人事異動を含め容易に人

Ⅱ　職務分析・職務給の構造と活用　43

事管理できるようにしたものが能力を基準とした管理です。このため職務分析の必要性が少なかったことが、日本企業に職務分析が定着しなかった原因の1つと考えられます。しかし今後は、多様な働き方や同一労働同一賃金を推進していく過程で、職務評価を避けて通ることはできず、このための職務分析が求められてくることになります。

☑ 職務分析の活用領域

ここで、職務分析の活用領域についてまとめます。

①組織管理への利用

企業目的を達成するために必要な職能は何か、それは互いにどんな関係にあるのか、どの課業をどの職位、単位組織に分担させるのが能率的であるかを明らかにしなければなりません。そのための組織の現状把握に活用できます。

②定員管理への利用

職場、部署、あるいは機械装置ごとの必要な仕事の種類を決定すること、その仕事をまとめて職務を編成すること、およびその職務を担当する従業員に要求される資格要件を明らかにすることに利用します。なお、必要な職務ごとの従業員数を明らかにすることは、いわゆる作業研究・業務分析であって職務分析の目的ではありません。

③雇用管理への利用

従業員の採用、職場への配置、またはその異動、昇進などに利用します。それらが年功や情実、あるいは縁故によってではなく、職務が要求する資格要件を従業員が備えているかどうかによって行われるために、職務に課せられた仕事と責任、職務に要求される知識、熟練、能力、特性の種類と程度が明らかになっていなければなりません。

④教育訓練への利用

職務が要求する能力水準を確定するとともに、従業員が現に保有してい

44 第1章 職務分析・職務給の成立ち

る能力の水準を判定するために利用します。

⑤人事考課への利用

　職務で要求される遂行度、責任度および能力と適性の種類と程度を明らかにすることによって、業績考課と能力・適性考課を行うことができます。

⑥職務評価への利用

　職務評価を行うためには、個々の職務が必要とする資格要件や求められる努力、果たさなければならない責任について、他の職務と区分する要点を明らかにし、職務間の差異を明らかにする必要があります。それらを行うための手段となります。

⑦作業や業務の改善への利用

　経営には、ありたい姿（ビジョン）に向かって組織を方向づけ、改善、改革をすることが求められます。職務分析を行うことで、職務に関する現状を把握することができ、その分析結果によって、作業方法や工程（プロセス）の改善、環境条件の改善および組織や職務の改編を行うことができます。

☑ 職務分析に対する間違った認識

　日本では、職能資格制度を導入するにあたっても、その基礎データの収集のための職務調査すら実施していないことが多くあり、職能と職務が連動していないことから、評価における公正さに問題を抱えています。前節で述べた通り、職務分析に対する理解を深める土壌にないことは歴史的にも明らかです。ゆえに職務分析への抵抗感は強く、以下のような誤解があるようです。

(1)　職務分析は、非常に労力がかかる

　職務分析における分析作業にはきりがありません。ただ、第2章で解説するような詳細な分析を必ず実施しなければならないものと認識されてい

Ⅱ　職務分析・職務給の構造と活用　45

るところがあります。

　確かに詳細な分析をしておけば、出てきた結果を利用することはできます。しかし、分析の目的が定まっておらず、分析すること自体が目的化され必要以上に細かくなってしまうことは間違いです。職務分析は手法であり、絶対的な決まりはないのですから、実施する目的に合わせて簡単でやさしい方法を検討すれば良いだけです。つまり、職務分析は企業目的を達成するための手段でしかなく、その目的に合わせ、企業が資金と労力が許す範囲で実施することが必要です。

　一方で、比較的高度な技術が必要なオペレーションの職務分析が、生産性向上を実現するために現場の改善活動に利用され続けていることを考えれば、人事管理分野における職務分析をまったく別の物として捉えているところに問題の本質があるともいえそうです。

⑵　職務分析は、専門家が必要である

　既に述べたように、日本企業の多くは職務の概念を定着させずにきたため、職務分析を難しいものとして捉えています。確かに職務に関する広範な知識と熟練度は必要ですが、科学的あるいは合理的に業務改善や現場改善をしている企業は多く、高度とはいわないまでも企業内にこれができる能力を持つ人材は数多くいます。実際、現場には多くの作業標準書が存在するなど、作業を書き出し、小集団活動の中で改善していくのは当たり前のことで、難しいことではありません。

　そうであるにもかかわらず、人事管理における職務分析が定着しない理由の１つに、職務分析に関する能力という意味において、他国と異なり企業内で非常に強い権限を持つ人事部門の存在があります。つまり、職務分析をするには、職務分析に関する知識や熟練度のほか、企業内の生産工程、機械装置のメカニズムと機能、生産技術、経営管理の組織・業務機構などの理解が必要なのですが、日本企業はこれらの知識が乏しい経営者層と人事部門だけで人事管理制度を構築することが多く、人事管理制度構築にあたり現場では当たり前の職務分析手法が活用されていないことが問題

です。このため、多くの企業が未だに経営戦略と組織・業務機構そして人事管理基準（職務記述書）の連動を図ることができずにいます。

(3)　職務分析は、職務が標準化し安定していないとできない

　確かに職務分析は、欧米の合理的な管理手法として歴史的に標準化され、安定した職務を前提としてきてはいますが、日本同様に欧米の企業も産業社会の変化に対応して業務革新を図り、その中で職務再設計を実施してきています。つまり、変化の激しい経営環境にあるからこそ、労務管理合理化の手段としての職務分析は、ますます重要なのです。にもかかわらず、日本企業に定着していないのは、組織運営管理の手段である職務分析の意義への無理解が原因だと考えられます。

　また、第4章の職務分析手法を活用した間接部門の業務改善方法にもつながりますが、そもそも組織的に効果・効率を求めるならば、標準化できる、あるいはした方が良い業務があるにもかかわらず、最初から諦めて改善に取り組んでいないことが少なからず見受けられます。

　他方、実際にすべての欧米企業が職務分析、職務評価を実施しているのかといえばそうではありません。しかしながら、「欧米ではすべての企業が実施している」と誤認されていることもあります。ただし、この背景にあるものとして、職務分析や職務評価をするまでもなく、既に職務が標準化され、当たり前のように管理されていることを忘れてはいけません。

　職務給への抵抗感から、職務分析や職務評価の本質や実態を理解せず、「分析業務が大変である」とか「日本の組織風土に馴染まない」と決めつけるのではなく、一度だけでも職務分析を実施し、その有効性や効果を確認されることを筆者は期待しています。

第2章
職務分析・職務評価の実務

Ⅰ　職務分析の実務

1．職務の単位の決定

　職務分析を実施するにあたり、職務の単位の捉え方（個々の労働者が担当する仕事をどこまで同一の職務として捉えるか）が問題となります。しかし、日本企業のように組織が未分化で、職務そのものが明確でなかったり、関連する職務の間に重複した課業があったりすると、定義を含めて整理をすることが非常に困難です。

　職務とは、義務、責任、心身活動（精神的な働き、身体的熟練、知識）の総体であり、これには職務の範囲、目的、作業の方法、熟練度の4つの要因があります。これらの要因のいずれか1つが異なっている場合は別の職務になります。

　実際のところ、同一の職務として括られた職位は、分析によって相違しているかどうかが明らかになるのであって、分析前に決定すべき単位のとり方を方向づける根拠とはならないのです。

　例えば、日本企業においては、組織機能図、業務分掌、職位別課業分担表などの資料によって職務を仮編成、本編成と進めたうえで（職務編成のための職務分析）、職務分析、職務評価を実施することを前提にしてきました。しかし、そもそもこれらの資料では、作成に多大な労力を費やす割に、分析に必要な課業の4要因を明確にできないのです。そのため、職位を職務として括ることが非常に難しく、実際に職務分析をしてみなければわからないのが現実です。

　効果的、効率的な進め方としては、各労働者がどのような仕事を担当しているかを一覧表にまとめ、同一ないし類似の仕事をしている職位をまとめて1つの職務として一応見なしたうえで、おおよその見通しで職務の単位をとり、実際に職務分析を進めながら職務編成をします。

このため、簡単な予備調査を実施したうえで、本格的に職務分析に入ることが必要です。

2. 予備調査

職務分析に入る前の予備調査では、大体の見通しで職務の単位をとり、まずは職務情報を収集することに重点をおいて進めます。

予備調査では、組織図、業務分掌、作業手順書（標準作業書）などを確認していきますが、これらが揃っていないか、もしくはあっても実態とは異なることも多々あります。

このため、現状の組織図を作成したうえで、職務に関する調査を調査票（図表 2-1）で実施し、観察およびヒアリングでその内容を確認していくことになります。

3. 職務分析の方法

(1) 職務情報の収集

①職務に関する諸々の規則、基準と記録

組織機能図、職位別課業分担表、作業標準書、作業指示書、伝票などから規則、基準としての職務の概略が掴めます。

さらに、不適合または不適合品が発生した場合の記録や、これに対応するために作成される是正処置または予防処置報告書、および作業者の配置などの変更を記録した変更管理記録も職務に関する情報となります。

また、力量マップ（力量管理表）として、労働者別、作業別に求められる力量の程度と育成計画を明らかにしたものがあります。

これらの職務情報は職務分析の参考となるのは間違いありませんが、本来あるべき姿として規定した基準が改定されずそのままになっていて、現実と大きな乖離が生じている場合が少なからずあることから、注意が必要です。

Ⅰ　職務分析の実務　51

図表 2-1 職務調査票例

職　務　調　査　票

作成　平成　　年　　月　　日

所属	支店・部・課	担当職務	氏　名	現職務経験年数 年　　ヵ月	資格等級	現役職

＜職務調査票のねらい＞

　　業務改革に着手する前に，皆さんが現在遂行している仕事の流れとその内容を洗い出すことがねらいです。診断インタビューは本職務調査内容に基づき実施，確認をさせていただくことになります。

＜記述手順＞

1. まず，日々の行っている仕事をイメージする（出社から退社するまでにどのような役割行動を起こしているかを順に思い出してください。）。その際，具体的に作成資料，帳簿を思い浮かべるとより具体的にイメージできます。具体的課業内容の欄に「〜を○○する」という表現で記述してください。

　　日々の仕事が終われば，次は発生頻度にあるように週，月，四半期，半期，１年，不定期の単位での仕事をイメージし記述してください。

2. 同時にその課業を遂行するうえで，問題と感じている点や遂行するうえでのリスクと感じている点を記述してください。

＜記入上の留意事項＞

　　特に，綺麗に整理して記述しようと思う必要はありません。普段遂行されている仕事を手順に沿ってもれなく思い出すことに努めていただければ結構です。後日，診断インタビューにて確認をしますので気を楽に記述していただきますようお願いします。

現在の仕事と具体的内容					遂行上の問題点およびリスクとその解決方向
業務機能（中分類）	まとまり課業（小分類）	遂行レベル	発生頻度	具体的課業内容（「〜を○○する」という表現で記述）	

※遂行レベル［１：上司の承認が必要，２：独力でできる（自己裁量でできる），３：他者・他部門との協力が必要］
※発生頻度［１：日，２：週，３：月，４：四半期，５：半年，６：１年，７：その他］

52　第２章　職務分析・職務評価の実務

②職務の現場観察とヒアリング

　規則、基準などは職務の現実の姿を理解するための補助的手段です。正確で利用価値の高い職務分析を行うためには、現場での観察が必要です。また、有能で経験の深い熟練者と未熟練者との比較観察や、熟練者の作業要領を引き出すことは、きわめて重要な職務情報となります。

(2)　職務情報の収集方法

①観察法

　職務活動が行われている実際の活動を、三現主義（現場、現実、現物）に基づき、実際に目で見て、あるいはビデオ撮影などをして観察、分析をする方法です。

　なお観察法では、事務職、管理監督職や装置作業の監視員などの知的、精神的もしくは感覚神経的作業を主にする職務についてはその本質を掴みにくいという短所があります。

②質問法

　この方法には、面接法と質問紙法があります。この方法は、観察法に比べ時間を要さず、また事務職、管理監督職や装置作業の監視員などの知的、精神的もしくは感覚神経的作業を主にする職務に適しています。

　ただし質問紙法は、質問紙に対して労働者が適切な回答や表現する力がない場合は、面接による聞取りで補うことになります。また面接法に関しても、被面接者が自らの仕事ぶりを現実以上に誇張する場合があることや、質問者の質問の仕方や回答の導き方によって、労働者の回答内容が異なる場合があるなど、質問紙を併用するなどの工夫が必要です。なお、会社に標準作業書が整備されている場合は、要素作業記述式（質問紙に、課業別要素作業が順に書かれた様式）を活用し、作業者に回してそれぞれの担当作業に〇印を付けてもらうやり方もあります。なお、要素作業とは、単位作業を構成する要素で、目的別に区分される一連の動作および作業のことです。

Ⅰ　職務分析の実務　53

③実験法

この方法は、主として職務の微細な点を明らかにするためのものです。例えば、優劣両作業者および平均的な作業者に対してテストを実施することを通して、その結果とそれぞれの作業者の作業に対する注意点を聞き取り、その相違から職務の特性を明らかにしていきます。

上記の方法以外にも職務情報の収集方法は複数ありますが、それぞれの長所と短所があり、職務に応じて適切に組み合わせていくことが重要です。

(3) 職務情報収集のための要点

◆職務分析公式（４Ｗ１Ｈ法）

職務分析は、「職務の構成要素の規定と仕事遂行のために必要な人的資源の確保のプロセス」であり、このために職務情報の収集が必要です。その結果は、職務記述書や職務明細表において、職務の範囲、目的、作業の方法、熟練度を記述することになります。つまり、単に遂行すべき仕事の内容を明らかにするのではなく、他の職務と比べた際にその相違を明らかにしたものである必要があります。

この相違を明らかにするために、「いつ（when）」「どこで（where）」「何を（what）」「何のために（why）」「どのようにするか（how）」という４Ｗ１Ｈ法を活用します。この中で注意すべきことは、職務の相違を明確にするために、できるだけ抽象的な言葉を避け、簡潔に、かつ言わんとすることを正確に伝える言葉を用いることです。特に質問紙法を使うと、回答者が簡単にまとめて回答（表現）しようとする傾向が強くなり、仕事に対する能力や技能の程度がわかりづらくなることから、観察法や面接法での補完が必要です。これによって、回答の主語、述語（動詞）および副詞句や形容詞で修飾される状態を具体的にしていくことができます。

例えば、回答が「注意する」や「調整する」の場合、具体的に注意しな

54　第２章　職務分析・職務評価の実務

ければならない要点は何かを挙げ、そのうえで調整とはどのような作業をするのかについて具体的に表現します。また、視触覚を使って行う作業については、熟練者の作業上の注意点など三現主義に基づき考え尽くし、着眼点を具体的に挙げていきます。また、何気なく使用している「しっかり」「とても」などの感覚的な言葉も同様ですが、感覚的な作業の特性を明らかにするためには、実験法の活用が有効となります。

　ここで、職務情報を収集するうえで重要な、４Ｗ１Ｈの調べ方と注意点について説明します。

①仕事の種類を調べる方法（what）

　組織機能図、職位別課業分担表、作業標準書、作業指示書、伝票などから職務の概略が掴めるものの、仕事の種類が一覧表となり整理されているわけではないため、様々な手順で作業を漏れなく明らかにしていくことが求められます。

(イ)　１日の作業順序による方法

　　職務の中で担当する仕事がいくつかあり、作業者自身がどの仕事から説明あるいは記述していくべきかを悩むことが多くあります。このため、標準的なある１日を取りあげ、その日の始業から終業までの間において、時刻を追って順番にどのような仕事をしているかを確認していきます。この作業が手掛かりとなり、その後はスムーズに進むことが多くあります。標準的なある１日が終われば、そうでない日、特別な日の仕事に移ることになります。

(ロ)　作業の手順による方法

　　仕事が流れ作業的に行われている職務の場合には、仕事が決められた手順に沿って進められているため、この順序で仕事の内容を調べていきます。

(ハ)　作業指示書による方法

　　現場作業の作業者は、作業指示書あるいは監督者の口頭指示を受けて作業をしています。指示を受け取り、完了するまで（あるいは次の

Ⅰ　職務分析の実務　55

作業者に渡されるまで）の仕事内容をたどることで作業内容を確認することができます。

㈡ 仕事の量、重要度または困難度の順序による方法

　　管理監督職務や企画・研究的職務などのように、非定型的で、繰返し作業でない仕事が多い職務の場合には、どの仕事が重要であるか、難しいか、あるいはどの仕事に最も時間を費やしているかなどを手掛かりに、担当している仕事を確認していきます。

②心身的活動を調べる方法（why - how）

　仕事の手順や方法において、作業者は身体的、精神的活動を交錯させながら行っています。また、これの手順や方法は、なぜそうなっているのかという理由（目的）と切り離すことはできません。このため仕事の手順が、なんのためにそうしているのか（あるいは作業に違いが現れるのか）を追究することで、身体的努力や精神的努力の性質と程度が明らかになります。

　例えば、原材料の性質によって、製品の品質を安定させるために、作業者が視触覚を使って判断し、姿勢や力の加減、場合によっては手順（方法）を変えていきます。このように仕事のやり方を追究することによって、仕事を行うために必要な知識、熟練の種類と程度や、問題の複雑さに対する判断力の程度も明らかにすることができます。ただし、仕事の処理要領について動作分析のような詳細な内容にしたり、利用上必要な範囲を越えた表現をすると、かえって実態を捉えにくくする可能性もあり注意が必要です。

③その他（when、where）を調べる方法

　いつ（when）は、仕事の作業時間・頻度を調査することです。仕事の量を調べることができれば、仕事の時間的比率を算出することで（例えば、「約1時間連続して1つの作業を行う」など）、身体的努力の程度を明らかにすることができます。

どこで（where）は、仕事の作業場所を明らかにすることです。職務に要求される心身的条件のうち、不快条件や災害危険度など環境条件を明らかにすることにつながります。例えば、空調環境の整っている屋内なのか、外気にさらされている屋外での作業なのかによって身体的負荷は変わります。また、不快な臭気を伴う危険な溶剤を取り扱うような作業であれば身体的、精神的な負荷は大きくなります。

　また、どこで（where）については、職務に加えられる指導監督（コントロール）の強さを決める要件の１つであり、このコントロールの強さによって職務の困難度が変わることに注意を要します。

⑷　職務における責任の捉え方

　職務には、義務、権限、責任が伴います。義務（responsibility）は、事柄や決定に対してのこれからの責任の所在を表すのに対して、責任（accountability）は、決定や行為の結果に対する責任や、またその説明をする責任を表します。

　責任（accountability）は、義務を果たすために、権限を行使して仕事を遂行した結果、あるいは成果に対する責任のことです。言い換えれば、遂行した仕事の出来栄えが良く、所期の目標を達成できたときに初めて、「責務」を満足させることができ、責任が果たせたと評価されるわけです。

　権限と責任は、組織上の目的や目的のための様々な目標を達成するために、組織活動にとって必要不可欠な要件です。なお、職務において、「義務」、「責任」、「権限」は三面等価の関係にあり、職務を与えられれば必然的に義務と責任を負い、その義務と責任を全うするために職務遂行の権限も同等に与えられなければなりません。これを「権限・責任一致の原則」といいます。

　これまで職務を明確にしてこなかった日本では、「職責」とは、義務（responsibility）を意味する場合が多く、結果責任（accountability）とはつながっていません。このため職責（義務）＝能力＝結果となっていません。そもそも職責には、明確な執務基準が必要です。

Ⅰ　職務分析の実務　57

この執務基準には、次の4つの項目があります。

①どれだけの量を仕上げなければならないか（量的基準）
②どれだけの正確さ、出来栄えに仕上げなければならないか（質的基準）
③いつまでに、またはどれだけの時間の範囲で仕上げなければならないか（時相基準）
④どのような方法でなされなければならないか（方法基準）

　ここで重要なことは、科学的管理法による標準時間および標準作業量が、職務分析、評価の基礎にあるということです。このことだけでも、職務等級制度における人事考課制度は業績評価を原則としていることがわかります。

　ただ現在では、機械化などにより、標準時間および標準作業量が正確に定められるような職務は減少しています。しかし、能率向上のため改善の観点から、「たとえ変化があったとしても（不規則）、過去の経験から可能な限りそこに計画性、規則性を見い出し、問題解決（能率向上）を図るという合理的精神」が経営には求められており、職務分析によってこれを明確にしていくことが、日本企業が今後世界で伍していくために必要とされていることです。

(5)　これまでの職務記述書

　職務分析の手順に入る前に、職務記述書について理解したうえで、職務分析に必要となる要件について確認していきます。職務の概念が定着していない中で、職能資格制度を中心に運用してきた多くの日本企業には、当然のことながら職務記述書および明細書というものは存在しません。

　欧米においては、雇用契約と職務記述書は一対です。会社や組織に空きポストができた際に、そのポストの職名を提示し、その職務を遂行するうえで最もふさわしいという基準（職務遂行能力の有無）で採用されます。また、この職務記述書を基盤として、作業マニュアル、業績管理あるいは

目標管理などが運用されており、職務記述書は組織運営上の根幹となるものです。

　日本企業の中でも作業標準書やマニュアルを作成し、これに連動させ職務分担をしっかりと文書化することで成長してきた企業も数多くあります。このように職務記述書は、従業員一人ひとりのやるべきことが確認できると同時に、各人が正確に職責も共有化でき、業務品質や生産性向上にもつながっていくのです。

　既に、世代間の価値観の違いだけでなく、外国人の雇用が進んでいる現在、組織において日本人が得意としてきた阿吽の呼吸での意思疎通を図ることが難しくなってきています。

　職務記述書にマニュアルを連動させることで各職責を確実に遂行できるようになりますが、ここで注意したいのが、職務記述書は固定的なものではないということです。経営環境に対応して組織が各職務に期待する内容は変化しますので、当然、新たな職務の設計や既存職務の見直しによる職務記述書の改定が生じることになります。

　労働省職業安定局労働市場調査課は、戦後ＧＨＱから提供された『Training and reference manual for job analysis』に基づいて、昭和23年1月に『職務分析票記入手引（草案）』を発行しました。それに基づき、筆者が職務記述書の記載事項を以下のように整理しました。なお、次の職務記述書の記載項目における「③作業遂行に必要な資格要件」は、職務明細書に人材募集や選考に必要な候補者の特性として規定することができます。

◆職務記述書の記載項目

①職務の基礎的事項
　㋑職務名、所属
　㋺担当分析員の氏名、調査年月日
②職務の概要

Ⅰ　職務分析の実務　59

㋑作業の総括

　　㋺仕事の種類

　　㋩作業の手順

　　㊁仕事の時間または量

　　㋭作業の処理要領

　　㋬責任

　　　ⅰ）業務責任（本来業務の目的として果たさなければならない責
　　　　任）

　　　ⅱ）付帯責任（業務責任を果たす過程において、付帯的に果たさ
　　　　なければならない責任）

　　㋣作業環境

　　　ⅰ）作業場の特色（屋内作業か屋外作業か／高所作業か普通作業
　　　　か／窮屈な場所かどうかなど）

　　　ⅱ）人的作業条件の特色（共同作業か単独作業かなど）

　　　ⅲ）物的条件の特色

　　　　・不快条件の程度と作業時間比率（寒暑、乾湿、塵埃、汚染、
　　　　　臭気、騒音、照明、換気、振動）

　　　　・危険有害条件の程度と作業時間比率（手動あるいは自働機械
　　　　　の操作、墜落、火傷、電気、爆発、放射線、有毒性など）

③作業遂行に必要な資格要件

　　㋑最適年齢の範囲

　　㋺資格、経験

　　㋩教育程度

　　㊁知識、熟練

　　　ⅰ）使用する機械、設備、道具類に関するもの

　　　ⅱ）製品、材料に関するもの

　　　ⅲ）作業手順に関するもの

　　　ⅳ）当該職務に関する工程、他の職務との関係などに関するもの

60　第2章　職務分析・職務評価の実務

ⅴ）以上の知識、熟練を身につけ、これを運用するために必要な
　　基礎的、理論的な知識

㊗作業者の心身的特性

　特定の職務につく作業者に要求される心身的特性の種類は以下の
通りです。以下の項目（種類）の程度については、4段階（A：そ
の特質は極めて高度に要求される、B：普通人よりやや高い
ものが要求される、C：普通人がもっている程度は必要である、
D：必要でない）で判断します。

　ⅰ）体格（身長、体重、体形）

　ⅱ）体力（手、腕、背、脚）

　ⅲ）感覚・知覚力（視覚・聴覚・触覚・味覚・嗅覚の鋭さ、筋肉
　　感覚、平衡感覚、形・色の知覚や大きさ・量・距離・速度の
　　目測など空間知覚）

　ⅳ）運動能力（指先・手腕・足脚の器用、手と目・目と手足・両
　　手の協応能力、運動調節）

　ⅴ）知能（計数力、具体的あるいは抽象的記憶力、集中あるいは
　　分配的な注意力、文書あるいは言語の表現力、判断力、企画
　　力、折衝力、指導力など）

　ⅵ）情意性格（協調性、綿密性、快活性、気分の恒常性など）

　ⅶ）人物人柄（勤勉性、積極性、独創性、寛容性、誠実性、見識、
　　才幹など）

④注釈

　㋑使用する用語の定義

　㋺使用する資材、装置ならびに消耗品

　㋩使用する帳票

Ⅰ　職務分析の実務　61

⑹　職務分析票の過去と現在

　労働省職業安定局労働市場調査課が昭和23年に出した『労働省職務分析票記入手引（草案)』の職務分析票は図表2-2の通りです。これは当時のアメリカ式の職務分析を参考にしたものです。そして、図表2-3は、現在の職務分析手法を踏まえて筆者が作成した職務分析票例です。

　職務分析の手法は、時代とともに変化しており、次節以降において筆者が提案してきた職務分析手法を解説しますが、まずは職務分析を追究してきた先人の英知を通して、職務分析の根本原則を確認しておきましょう。

①その職務の実体が、完全にして正確に把握されなければならない
②その職務の仕事が、完全にかつ正確に記述されなければならない
③その職務において成績優秀な従業員に必要な条件が完全に指摘されなければならない

図表 2-2 労働省　職務分析票（昭和 23 年）

職 務 分 析 票（乙）

労働省職業安定局

Ⅰ. 確認事項

1. 職 務 名　　繼 線 工　　　2. 整理番號
3. 工 程 名　　繼線（8/23）　　4. 事業所名　帝國電氣株式會社
　事業系統名と番號
5. 職務の別名　繼線かけ　　　　6. 所在地　品川區北品川 4 の 536
7. 従業員数　　男 0　女 12　　　8. 調査日時　昭和 23 年 2 月 6 日
9. 分　類
　　中分類　機械器具製造業　　10. 事業所の　製造部長　木村正雄
　　小分類　電球製造業　　　　　　職員名
　　部　門　製造課　繼線班　　　11. 分析者氏名　高井　武治
　　　　　　　　　　　　　　　　12. 校閲者氏名　松本　洋

Ⅱ. 職　　務

13. 仕事の内容（補助紙を用いる）

　　　イ. 何をしているのか

　　　ロ. 何のためにそれをするのか

　　　ハ. そのやり方はどうするのか

Ⅲ. 作業遂行に必要な事項（補助紙を用いる）

14. 責　任（資材又は製品、他人の安全、装置又は工程、他人との
　　協力、指導、他との交渉などを考えて）

15. 職務に関する知識（装置、資材、作業手順、技術及び工程など
　　に関して就業前にもつている知識や現場で得られる知識を考
　　えて）

16. 精神的働き（注意力、判断力、創意力、積極性、順應性、機敏
　　さなどを考えて）

17. 器用さ並びに正確さ（精密度、器用さ、正確さ、共應、巧妙さ、
　　手作業の巧緻度、資材、工具、器具、ゲーヂの取扱などを考え
　　て）

Ⅰ　職務分析の実務　63

IV．作業者の所要資格

18．經驗　　要　　【不要】　　所要經驗とその程度

19．年齡　最低　男　　才　最高　男　　才　最適　男　　才〜才
　　　　　　　　女18才　　　　　女27才　　　　　女16才〜22才

20．技能養成　最低所要養成期間　未經驗者　3ヶ月　經驗者

養成訓練	養成訓練によって得られる特定技能
附設從業員の技能養成機關	なし
職業養成機關	なし
專門技術教育訓練	なし
一般教育	特になし
特技　　手藝	繼線作業

21．從弟見習制度　正規　【正規でないもの】養成機關　2週間

22．他の職務との関係

　イ．昇進經路　　工員　→　職長補助員　→　職長

　ロ．轉　換
　　　この職務から轉換可能な職務　アンカー、ステム檢査工　え
　　　この職務え轉換可能な職務　アンカーから

　ハ．この職務が受ける指導監督【一般的に】　直接に
　　　誰から(役名)職長

　ニ．この職務が行う指導監督【しない】　指導監督する人數
　　　指導監督するもの(役名)

V．註　　釋（補助紙を用いる）

23．裝置、資材、備品並びに消耗品

24．用語の定義

25．全般的註釋

補　助　紙（乙）

職務名　　　繼線工　　　　　紙　數
事業所名　　帝國電氣株式會社　分析者氏名　高　井　武　治

13. 仕事の内容
　（イ）何をしているのか
　　　　　電球の中に封入されるステムのアンカーにピンセツトを使つ
　　　てフイラメントを掛け、フイラメントの兩端は點電氣熔接機に
　　　よつて導入線のニツケル線の部分に熔接している。
　（ロ）何のためにそれをするのか
　　　　　フイラメントの兩端をニツケル線に熔接しただけではフイラ
　　　メントはたるみ、又不安定で實用には適さない。これを適當な
　　　間隔でアンカーに吊ることにより、電球製品としての堅牢性と
　　　實用性とを持つたマウントを作製するため。
　（ハ）そのやり方はどうするのか
　　　　　點電氣熔接機に向つて腰かけて作業をする。裝置１臺に對し
　　　て作業者は１人である。

その手順：―――
　　１．左手でマウント臺よりアンカーの植込まれてステムを抜き取
　　　　りアンカーの部分を上方に向けて手に持つ。（1－5%）
　　２．左手に持つたピンセツトで曲つている２本のニツケル線の部
　　　　分を夫々数回しごくようにして眞直ぐに伸す。（1－10%）
　　３．目測でニツケル線の長さをアンカーの長さに合せ、不必要な
　　　　部分を鋏で切り捨てる。（2－5%）
　　４．ピンセツトで作業臺の上にあるフイラメントをつまみ、フイ
　　　　ラメントの一端と、ニツケル線の先端とを合せて熔接機の陰

極板上にのせ、同時に右足で熔接機のペダルを踏み、陽極棒を作動させて瞬間的にフイラメントとニツケル線とを熔接する。　　　　　　　　　　　　　　　　　　　（3－30%）

5．ピンセットで、熔接されていないフイラメントの一端をつまみ、それを3本のアンカーに順々に掛ける。（3－10%）

6．フイラメントの未熔接の一端と、他のニツケル線の部分とを合せ（4）と同じ要領で熔接する。（3－10%）

7．ピンセットで、フイラメントの繼線された全體の形狀とかアンカーの間隔、張り方などをごく輕く修正する。（2－10%）

8．完成したマウントを右手でマウント臺に挿し込む。（1－5%）

　なおこの作業の資材（アンカー付ステム及びフイラメント）は他の職務の者が運んでくれるが、時々作業を中止して作業がやりよいように、マウント臺の位置を換えたり、空枠臺と、完成した枠臺とを取り換えたりすることもある。

Ⅲ．作業遂行に必要な事項

14．責任　繼線工の仕事は、電球の生命であるフイラメント（發光體）を中軸に取りつける仕事で、その良否は電球製品の品質に、極めて微妙に影響を與える。

　不注意にこれを1箇破損すると原價計算1圓40錢の損失となるが、若し不良品を見逃し、後の工程においてバルブの中に封じ込まれ、電球としてしまつた場合には、全工程を無駄にし、12圓50錢の損失となる。又この繼線工程には別に檢査を行うことをしないから、作業者は良品を仕上げるばかりでなく、不良品を作つた場合には、これを排除し、後の工程まで損失を及ぼさぬようにしなくてはならない。

66　第2章　職務分析・職務評価の実務

15. 職務に関する知識

(1)點電氣熔接機の操作法、性能の大要を知らなくてはならない。

(2)フイラメントの大きさ、太さは電球の種別によって微細な差異しかないが、これが直感的に判別出來なくてはならない。

(3)繼線されたフイラメントの形狀は電球製品になつた時の美醜にも影響をもつから、如何なる形狀が最も正しく、且つ美しいものであるかを知らねばならない。

(4)フイラメントとニツケル線との熔接は、必ずその先端の位置で行うべきで、若し正規の部位を外れて熔接した場合には、所定の光度にならなかつたり、又電球の壽命にも影響を與え場合によつては規格外品となることを知らなくてはならない。

16. 精神的働き

この職務は別に獨創性、判断力等は必要としない。

電球製造の他の工程が主として自動的機械作業が多い中に、この繼線作業は主として手作業であるので次のことが必要である。

(1)他工程の作業速度に順應する働きがなくてはならない。

(2)緻密な仕事を、手順よく落付いて間違いなく行う注意の集中が出來なくてはならない。

(3)反舊的仕事に飽きず、又單調感にうち克つ緊張度の持續が出來なくてはならない。

17. 器用さ並びに正確さ

(1)フイラメントとニツケル線の熔接箇所は常に正規になされ、誤差は許されない。

(2)電球製品となつてから、フイラメントが外れぬように、ニツケル線への熔接は完全になされなくてはならない。

Ⅰ 職務分析の実務 67

(3) ピンセットでニツケル線を伸す場合、無理な力を加えて、ステムのガラス管を破損せぬようにしなくてはならない。

(4) フイラメントは脂肪分をきらい、且つ柔らかく破損しやすく、直ぐに光度や壽命に反映するから、ピンセットの取扱いは、ごく輕くなされなければならない。

(5) 1箇の繼線を完了するまでの所要秒時は、平均12秒乃至15秒程度で仕上げ、他の作業工程の作業量に遅れぬようにせねばならない。この場合、鋭い視覺と、指先の功緻さが最も大切である。

(6) 破損の歩留は95％乃至98％に止めなくてはならない。

Ⅴ. 註　　釋
23. 装置、資材、備品並びに消耗品
　(イ) 装置及び道具
　　(1) 足踏式點電氣熔接機（スポツトウエルダー）單にスポツトとも呼んでいる。單相 100VIKA 整電社製作所製造。
　　　これは上下二本の陰陽兩極棒から成り、直径は約8粍程度で銅製である。下方の陰極棒は固定であるが、上方の陽極棒はペダルで自由に上下に操作出來、陰極棒に接觸させることにより熔接する仕組になっている。
　　(2) ピンセット
　(ロ) 資　　材
　　1. アンカー付ステム
　　　アンカーの付いているステムの意味で、ステムとは電球の中に封入される電球の中軸で、主としてガラスで出來ているが、軸の内部を2本導入線が通つている。導入線は銅、ジユメツトワイヤーの部分もあるが、フイラメントを熔接する箇所はニツケル線になつている。

アンカー（吊子）とはモリブデン線であつて、中軸の先端のガラス棒の部分に熱處理によつて、植込まれている。アンカーの本數は種別によつて異るが一般電球の場合には、3本のものが最も普通である。

2. フイラメント

タングステン線を捲いて、發光體としての處理を終つたものをいう。

（ハ）備品及び消耗品

マウント臺

アンカー付ステム及び完成されたマウントを立てる木製の枠で1臺で約50本立てることが出來る。

24. 用語の定義

マウント　ステムにフイラメントが繼線されたものをいう。

歩留(ブドマリ)　生産資材に對する合格製品の百分率をいう、従ってこの百分率は高ければ高い程優良である。

25. 全般的註釋

1. 1日1萬箇の電球を製造する工場では點電氣熔接機は8臺乃至10臺位設備されている。

2. 作業内容は繊細であり且つ反復的であるから、従業者は女子に限られている。

3. その熟練度には若干の差異があるが一般の女子ならば誰にでも出來る仕事である。

4. 熟練程度別の作業量

Ⅰ　職務分析の実務　69

一日平均製造量	入業後3カ月	500箇乃至700箇
	一般作業者 （6カ月乃至1カ年)	平均1,500箇程度
	熟練者	2,000箇以上

作業者の身體的要件分析票（丙）

勞働省職業安定局

確認事項

1. 職 務 名　繼線工
2. 整理番號　＿＿＿＿＿＿
3. 工 程 名　繼線(8/23)
   事業系統名と番號
4. 事業所名　帝國電氣株式會社
5. 分 類
6. 所在地　東京都品川區北品川
   - 中分類　機械器具製造業　四丁目五三六
   - 小分類　電球製造業
7. 事業所の職員名　木村正雄
   - 部 門　製造課　繼線班
8. 分析者氏名　高井　武治
9. 校閲者氏名　松本　洋

10. 調査日時　23年2月9〜10日

VI. 身體動作

番號	項　目	常態	附帶	番號	項　目	常態	附帶
1	歩行する			17	物を押す		
2	跳躍する			18	物をひっぱる	○	
3	走行する			19	手を使う	○	
4	平衡をとる			20	指先を使う		○
5	登る			21	なでる		
6	はう			22	話をする		
7	立つている			23	聞く	○	
8	身體をまわす			24	視る	○	
9	うづくまる			25	色わけする		○
10	かがむ			26	距離かんかくを見る	○	
11	膝をついてする			27	前かがみでする	○	
12	坐つてする	○					
13	手をのばす		○				
14	もちあげる			30	作業の速さ		
15	運ぶ			31			
16	物をなげる			32			

動作程度	段階				
	E	D	C	B	A
30　作業の速さ				○	
31					
32					

I　職務分析の實務　71

Ⅶ. 身體動作の所見（補助紙を用いる）

Ⅶ. 作業環境

番號	項目	程度			所見
		【戸内】		戸外	作業は單獨で出來るが、流れ作業の中間にあるので、他の工程と隣接し機械音動力音がたえずきこえている。同一の作業場内に數臺のユニツトマシンと、これに連鎖する諸機械が据付けられ、且つその内の大部分は瓦斯を燃燒しているので作業場内の温度は上昇する。冬季は凌ぎ易いが夏季は相當に熱い。
35	作業場	狭い 普通		【廣い】	
		水中 地下 【地面】		高所	
36	照明	暗い 【普通】		明るい	
37	喚氣	わるい 【普通】		よい	
38	清潔	汚たない 【普通】		きれい	
39	音響	騒音 【普通】		靜か	
40	震動	はげしい 普通		【靜か】	
41	塵埃	多い 【普通】		なし	
42	臭み	激しい 【普通】		なし	
43	湿度	じめじめ 湿 【普通】		乾	
44	温度	冷い 【普通】		熱い	
45	温度の變化	急激		【なし】	
46	機械的危險	ある		【なし】	
47	燃燒場所	さらされる		【なし】	
48	電氣的危險	ある		【なし】	
49	爆發の危險	ある		【なし】	
50	放射エネルギー	ある		【なし】	
51	有毒性	ある		【なし】	
52	他人と共同で働く	【獨】		共同	
53	他人のいる所で働く	獨		【衆】	
54	一人で働く	【單】		複	
55					

Ⅸ. 作業が身體に及ぼす影響

61. 職業病及び作業疲勞　　肩がはり背中が痛くなることもある

62. 傷害　　なし

63. 畸形　　なし

Ⅹ. 身體的障害

（イ）身體障害者が従事している實例　　なし

（ロ）この業務に不都合な身體障害　　眼、手、指先、腕の疾患

補 助 紙 (丙)

| | / |

職務名　　　繼線　　　　　　　　紙　　數

作業所名　　帝國電氣株式會社　　分析者氏名　高 井 武 治

Ⅶ　身體動作の所見

　左手でアンカー付ステムを持ち、右手はピンセツトを使用して、繊條を摘みとり、前記ステムの導入線の端と電氣熔接機の電極間に挟み脚でペダルを踏んでスキツチを入れ両者を熔接する。この間にステムや繊條の不良品を瞬間的に發見する。

　用語の定義、「27　前かがみでする」・・・作業臺、電氣熔接機に向つて腰かけ、両手による繊細な作業を凝視するため姿勢は常に前かがみとなる。

30. 作業の速さ、繼線作業を1箇當り 10 秒～15 秒で仕上げるため
　　手、指の操作はかなり速い。

作業者の特質分析票　（丁）

労働省職業安定局

確認事項

1. 職 務 名　繼線工
2. 整理番號　_____
3. 工程又は事業　繼線　8/23
　系統番號
4. 事業所名　帝國電氣株式會社
5. 分 類
　中分類　機械器具工業
6. 所在地　東京都品川區北品川
　　　　　　　四丁目五三六
　小分類　電球製造業
7. 職員名　木村正雄
　部 門　製造課　繼線班
8. 分析者氏名　高井　武治
9. 校閱者氏名　松本　洋
10. 調査日時　23 年 2 月 9〜10 日

VI. 所要特質

番號	項目	段　　階					所見
		E	D	C	B	A	
1	身長	○					
2	體重	○					1個の完成秒時12〜15秒、これを一日約1,500はつくらなくてはならぬ。
3	長時間迅速な作業にたえる力			○			
4	勞働の程度			○			
5	手の力	○					
6	腕の力	○					
7	背の力	○					
8	脚の力	○					フイラメントの熔接、アンカーかけ等繊細な仕事なるため特に指先の器用さを必要とする。
9	指先の器用				○		
10	手腕の器用			○			
11	脚、足の器用	○					
12	眼と手との共應			○			
13	足と手と眼との共應			○			熔接機を操作する際ペダルを踏む。左手にステム、右手にピンセットを持ち作業する。
14	両手の共應				○		
15	大さの目測			○			
16	量の目測	○					
17	運動の速さの目測	○					
18	形の知覺			○			
19	視覺の鋭さ				○		熔接點の正確さが高度に要求される。
20	聽覺の鋭さ	○					
21	嗅覺	○					
22	味覺	○					
23	色の辨別			○			
24	觸辨別			○			
25	運動感覺による辨別	○					

番號	項目	段階					所見
		E	D	C	B	A	
30	一般智能			○			
31	細部にわたる記憶			○			
32	抽象概念の記憶	○					
33	口頭命令の記憶	○					
34	文書の記憶	○					
35	計算	○					
36	順應力	○					
37	決断力	○					
38	企畫性	○					
39	積極性	○					
40	機械の構造に対する理解			○			⌠熔接機操作上必要である。
41	注意の廣さ			○			⌠細かい仕事、可成りの速度を
42	言葉による表現力	○					もつた仕事を行うためにはそ
43	文書による表現力	○					の仕事の各部位に常に注意が
44	人と應待する能力	○					ゆきわたつていなければなら
45	人及び人名の記憶	○					ぬ。
46	一心不亂にやる			○			
47	氣分の恒常			○			
48	物の性質の評價力			○			
49	危險なところで作業する	○					
50	身體的に不愉快な條件のもとで作業する	○					
51	人を統御する技巧	○					
52	容姿	○					

備　考
（1）この仕事に視覺と運動感覺、特に手、指、脚の共應動作が多分に
　　要求されている。仕事の習熟は心身の發達状態から考えると女子
　　15歳から18歳位までが最もよく、この年齢期間中に適切な訓練を
　　行うことによつてその作業能率は最高度に高まる。
（2）この職務は電球製造の全工程の中で手、指の巧緻さが最も要求さ
　　れている。

Ⅰ　職務分析の実務　75

図表 2-3 職務分析票例

「能力」や「負荷」を予め選択したコンピテンシー項目で設定することも可能

単位業務	課業	具体的作業（順に）	頻度および必要な時間	能力				負荷			
				理解・判断力	表現・折衝力	創意工夫・企画力	身体的熟練	業務責任度	身体的努力	作業環境	ストレス・疲労

※基準となる職務を遂行している担当者が、分析票に記述する職務情報の収集方法のことを記述法といいます。この記述法による職務分析からわかる課業は、現状の安定的・定常的なものが多いうえに、抽象的な表現や、書き方に統一性を欠くこともあり、事前に記入要領などを用意し徹底しておくことが肝心です。いずれにしても、実務的には、これを補完する面接法あるいは観察法の併用が必要となります。

(7) 新しい職務分析手法「プロセス展開表」の理解

図表2-4

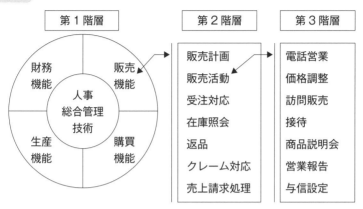

　ここで、「プロセス展開表」を利用した新しい職務分析手法についてご説明します。この手法の開発背景については、第4章I節P.156を参照ください。

　「プロセス展開表」とは、仕事に関する情報を広く調査・分析し、職務内容（職務行動）を明確化するために活用する表であり、横向きに「業務」を、その業務ごとに縦向きに「職務行動（作業の流れ）」を書き出したものです（図表2-5）。また、これを集約することで、「職務記述書」を作成することもできます。

　「プロセス展開表」作成のために、必要な知識から解説していきます。

　「プロセス展開表」の「プロセス」は、「業務」と同じ意味です。業務とは、まずは大きな括りとして生産、営業、購買、財務といったものを示します。これらは経営の基本機能といわれる業務ですが、基本機能にはこのほかに総合管理機能、人事機能、技術機能などがあり、それぞれに付随する業務があります。これらの「業務」は、多くの場合、いくつかの要素からできており、それぞれが関連し合い、その業務の目的を果たす「働き」をしており、この働きを「機能」といいます。

図表 2-5　Y社　プロセス展開表例

・現在行っていないプロセス
・5年計画　　項目

課業名	A	B	C	D	E	F	G	H 現場の人材不足カバー	I	J	K
課業名	定例会	工程決定	小口調達・自己調達	文書更新	欠品、切り板品確認	消耗品確認	作業指示	他部門の依頼(製作)	他部門の依頼(応援)	機械点検	鋼材受け取り・確認
成果指標	手待ち、ロス件数	手待ち、ロス件数	手待ち、ロス件数	更新忘れ件数	在庫の正確性	調整ミス件数	手待ち、ロス件数	人材不足カバー件数	人材不足カバー件数	機械点検	納品ミス件数
業務リスク											搬入受け取り確認・納品ミス件数

1

項目	A	B	C	D	E	F	G	H	I	J	K
業務の流れ他	定例会で大日程表を見て材料の納期、ロス件数が減らうらい確認する	大日程表を見て材料の納期、ロス件数が減らうらい確認する	仕様変更、製造違い、図面間違い、との通知を管理1課、設計部からもらう	管理1課、製造指示書、図面等の通知を管理1課、設計部からもらう	管理1課から切断、切断リストと切板、げ板リストを管理1課、設計部からもらう	製作、出荷準備前に消耗品のリストを管理してもらう	管理1課に製作図面と、出荷指示書をもらい内容確認(製作指示書をもらう)はぞれも確認	管理2課に製作図面、保管図面、製作指示書をもらう	作業内容と日程ごと必要人数の依頼を指示してもらう	毎月1回機械点検日と日程ごと検討リストを用意し、設備点検の指示をだす	搬入日を理解する
機能(P・D・C・A)	P	P	P	P	P	P	P	P	P	D	D
インプット	大日程表	大日程表	大日程表	変更後の図面、製造指示書	切断、切板品リスト	消耗品リスト	製作・保管図面、製作指示書	製作図面、製作指示書		機械点検リスト	大日程表
アウトプット	管理1課	管理1課	管理1課、製造指示書	管理1課、設計部	管理1課	確認件数	管理1課	管理2課			
KPI(先行指標)	管理1課	管理1課	工事時期の把握	更新件数			依頼件数	依頼件数			
関連プロセス	必要材料の把握	必要材料の把握		更新件数							
知識・能力	理解力	理解力	指導監督力	指導監督力	理解力	理解力	理解力	理解力	理解力	指導監督力	理解力
知識・能力レベル	初級	初級	初級	初級	初級	初級	初級	初級	初級	初級	初級

2

項目	A	B	C	D	E	F	G	H	I	J	K
業務の流れ他	大日程表に書かれている納期日程から自社で保有している工数を把握することで理解する		工事時期、材料、部品の納期、工事の把握し工数を把握して日程の順番を決める	変更、又は修正変更の図面、リスト、切断リストを管理1課、設計部からもらう	鋼材の種類を整理、理解する	リストを見ながら在庫数を調べ、確認する	適正配置(体力、技術、経験)、手持ちのロスを判断し製作ごとに図面の分担を業務の分担する	日程調整の必要があれば、必要工数を場所しな項目を確認しながら点検を行いチェックする	リストを見ながら在庫数を調べ、確認し内容を納品を分け解する	日程調整の必要があれば、必要工数と日程、材の置き場所がないか、を確認する物認することを確認	搬入日の朝に調材の置き場を確認
機能(P・D・C・A)	D	P	D	P	P	D	D	P	D	D	D
インプット	大日程表	大日程表		変更後の図面リスト	切断、切板品リスト	消耗品リスト			大日程表	内容確認済み機械点検リスト	大日程表
アウトプット	工数データ			変更後の図面リスト			振り分け後製作図面	内容確認済み製作図面		確認済み機械点検リスト	
KPI(先行指標)	負荷工数の把握	負荷工数の把握		管理1課、設計部		消耗品の正確性	手待ち、ロス件数	依頼件数		経済的機能点検	
関連プロセス				更新件数			振り分け後製作図面				
知識・能力	理解力	理解力	指導監督力	指導監督力	理解力	理解力	判断力	理解力	判断力	理解力	理解力
知識・能力レベル	初級	初級	初級	初級	初級	初級	初級	初級	中級	初級	初級

3

項目	A	B	C	D	E	F	G	H	I	J	K
業務の流れ他	全083が絡んでいる他部署からの依頼で、製作物があれば相談や係調製、納期さたいことがあれば聞いておく		工数データを見て件数内容の日ごちを決める	変更後の図面、工数を見て差し替えストに差し替える。急を要する時には関係部署に変更を伝える	リストを見ながら在庫品のすじ数、足りそうない消耗品を判断し、管理1課に報告する	製作物に対しての必要数を考え、足りなくなりそうな消耗品を判断し、管理1課に報告する	工数計算表(体力、予定工数を記に予定工数を記入する	日程調整の必要があれば、必要工数を把握適正配置(体力、精神)入選を精神の製品を納期調製が発生しないように調整を行う	故障の製品を納期調製が発生しないように調整を行う	故障のある場合、どこが壊れているか判断し、自社製品は、自ら入選する	あれば搬入前にじゃまにならない所へよける。直し方を考えて修理は片付ける
機能(P・D・C・A)	C	P	C	D	D	D	D	D	D	D	D
インプット	工数データ		負荷工数の把握	変更後の図面、リスト			振り分け後製作図面	予定工数別人数件数			
アウトプット	工数データ			変更後の図面、リスト		管理1課	予定工数別人数件数				
KPI(先行指標)				対応件数	在庫の正確性	消耗品の使用頻度					
関連プロセス		負荷工数の把握	負荷工数の把握								
知識・能力	交渉力	理解力	指導監督力	指導監督力	判断力	判断力	理解力	判断力	判断力	判断力	理解力
知識・能力レベル	中級	初級	初級	初級	中級	中級	初級	中級	中級	中級	初級

職務分析表（抜粋）

機能 4

機能内容（PDCA）	A：変更・決定事項が加えるが工数を確認する／D：大日程表の製造負荷工数を見て負荷工数の工数を確認する／D：社内報を見て社又は個人の予定があれば工数を確認する／D：変更前の図面を変更前の図面破棄の手。ゴミ箱はNG／D：リストに寸法・数を記入し管理1課に渡す
インプット	大日程表（更新）／社内報／在庫調整済み切断リスト
アウトプット	負荷工数の把握／社内予定の把握／管理1課
関連プロセス	
KPI（先行指標）	
遂行上のリスク	
知識・能力	理解力／理解力／理解力／表現力
知識・能力レベル	初級／初級／初級／初級

機能 5

機能内容（PDCA）	A：大日程表を全員に配布する／D：話所のホワイトボードに工程（1～2週間分）と周知事項などを書き込む／工事内容、特に必要な材料の納期から、手待ち・ロスが発生しないよう管理し工程を決定する／製作指示書の内容を周知し製作を指示する
インプット	大日程表（課）／管理1課
アウトプット	大日程表／小日程表
関連プロセス	
KPI（先行指標）	手待ち、ロス件数
遂行上のリスク	
知識・能力	判断力／理解力／指導監督力
知識・能力レベル	中級／初級

機能 6

機能内容（PDCA）	C：工程に問題がないか確認する／製作指示書を見て材料切り出しの確認／保管図面があれば図面に該当番号を記入し、わかりやすくしておく／製作指示書を了承してハンコをおす
インプット	保守課／製作指示書／保管図面
アウトプット	保管確認済み保管図面／了承済み製作指示書
関連プロセス	
KPI（先行指標）	依頼承認件数
遂行上のリスク	
知識・能力	判断力／理解力／指導監督力
知識・能力レベル	初級

機能 7

機能内容（PDCA）	日程に急な変更があれば見直し、関係者に伝える／製作指示書を了承してハンコを押す／作業員に仕事内容を伝え、応援手配、精神面の分担をする／修理できない場合は合工事課、設計部に相談し修理管理する／クレーンを使い受け取りを行い受け取り図書にサインする
インプット	
アウトプット	了承済み製作指示書／製作指示書／鋼材納品書／検品済み鋼材納品書／サイン済み鋼材納品書／管理1課
関連プロセス	
KPI（先行指標）	依頼承認件数／納品ミス件数
遂行上のリスク	社内で直せない同違又は欠品場合は管理1課に報告する／外注修理依頼をしてもらう
知識・能力	指導監督力／判断力／表現力／理解力
知識・能力レベル	初級

組織によって何の業務にどのような機能を持たせるかは異なります。例えば、販売機能（第1階層業務）には、販売計画、販売活動、受注対応、在庫照会、返品、クレーム対応、売上請求処理、回収処理などの機能があり（第2階層業務）、さらに販売活動機能には電話営業、価格調整、訪問販売、接待、商品説明会、営業報告、与信設定、取引停止手続きなどの機能があり（第3階層業務）、さらにこれらの機能を作業レベル（職務行動）にまで落とし込みます（第4階層業務）。なお、これらの機能は、同じ階層における機能および各機能の中でマネジメント・サイクル（Plan-Do-Check-Action 以降、PDCA とする）が回るように構成しなければならないことに注意を要します。

　なお、「プロセス展開表」を作成する際に調査・分析する各項目の定義は、以下の通りです。

① **機能内容（P・D・C・A）**：業務および作業（職務行動）が、管理機能（PDCA）の中のどのような働きをしているか

② **成果指標**：当該業務において何を達成すれば、目標を達成したと言えるのかを示した指標

③ **先行指標**：何（手段＝職務行動）を達成すれば、目標を達成したと言えるのかを示した指標

　なお、指標は、業務によって顧客価値を向上させることにつながる時間（納期）、コスト、品質、継続性となります。

④ **インプット**：職務行動（変換）によって期待される結果（＝アウトプット）を得るために投入される資源

⑤ **アウトプット**：職務行動（変換）によって期待される結果および次のプロセスのためのインプットとなる資源

⑥ **関連プロセス**：当該職務行動のインプット、アウトプットとなる他部門の業務プロセスまたは職務行動を示す

⑦ **業務上リスク**：業務全体、職務行動を起こすにあたって留意すべき危険、損害

⑧ **知識・能力**：結果を得るために起こす職務行動に必要なスキル要素名

（人事考課要素名）

⑨**知識・能力レベル**：ここでは分類法による役割評価を想定しています
が、洗い出された職務行動を、職務調査によって定義された職務等級評
価基準によって評価し、分類した等級を示します。

したがって、「職務記述書」は、「プロセス展開表」から業務別、等級別
に職務行動を集約することで、作成することができます。

◆プロセス展開表の作成手順

「プロセス展開表」は、横向き（A, B, C…）に書いていく業務と、縦向
き（1, 2, 3…）に書いていく職務行動（作業の流れ）でできています。

まず、横向きに書き出す業務についてですが、先に述べた業務の全階層
を一列に表現することは不可能です。しかし、縦向きに書き出す職務行動
が具体的になるレベルである第3階層以下の業務を、できる限り業務フ
ロー（流れ）となる大きさで書いていきます。なお、業務には、定期
（日々、週、月、四半期、半期、年など）業務と不定期業務があります。
頻度の高い日々の業務から書き始めると、認識がしやすくなります。

縦は、業務ごとの作業（職務行動）を手順に沿って書き出します。この
ため、作業（例えば、A-1, 2, 3, 4…）だけを抜き出せば「業務手順書」に
なりますし、さらに業務階層を落とし込み、作業ではなく動作レベル（A-
1-1, A-1-2, A-1-3…）にすることで、この部分だけを抜き出せば「標準
作業書」の基礎ともなります。

Ⅰ　職務分析の実務　81

Ⅱ 職務評価の実務

☑ 職務評価の定義と成立ち

(1) 職務評価の定義

　国際労働事務局（ＩＬＯ）の報告書『職務評価』（1961 年）には、職務評価について、「それは、ある職務の通常の遂行が、その労働者の個人的能力や仕事ぶりを考慮することなしに、通常の労働者に対して求める諸要件を確定し比較せんとする試み、ということができよう。もちろん、個々人の能力または努力は、その労働者の稼得賃金に算出され、また反映されることもある。たとえば、能率給や人事考課の制度がそうである。しかし、このことは、職務の評定とは全く別の事柄である。職務評価は、職務を評定するものであって、人を評定するものではない」（下線は筆者）として、非常に明確な定義がされています。

(2) 職務評価の成立ち

　職務評価は、職務内容の異なる各種の労働の間の相互関係を明らかにしようとするもので、例えば熟練度が個々の労働の職務内容において相互にどのように開いているかを明らかにするものです。

　テイラーは、職務分析によって作業の標準作業量と標準時間を追究しましたが、作業同士の相違を問題にしません。これに対して職務評価は、各作業のそれぞれの標準時間は問題にしませんが、各作業の熟練度の相違がどれだけあるかを問題にします。

　テイラーの科学的管理法は、一流労働者について時間研究を実施し、それをもとにした標準時間をもって課業を設定したことから、一般の労働者

には受け入れられませんでした。以降、課業の標準化を行う際は、労働者の平均的な水準を採ることになり、労働の相違をもたらす要素として、熟練、努力、一貫性（consistency）、作業条件の4つの要素で分析し、等級に段階づけられるようになりました。

これは、課業の設定を目的にしたもので、基礎賃率を決定するためのものではありませんでしたが、この4つの要素で課業の相違を比較、分析する研究が職務評価に少なからず影響を与えたものとされています。なお、職務を構成している要素で分解し、研究する様々な分析的な研究方法は、科学的管理法がベースになっていることは明らかです。

上記の通り、職務評価をするためには、職務間の明確な相違を十分に根拠づけることが必要であり、その問題としようとしている領域は異なっているものの、科学的管理法による課業の設定が、職務評価を生成する地盤を準備していたといえます。

そして、1930年代の恐慌後の産業合理化のもとで職務評価は生まれました。当時、経営者は合理化策として労働者をえこひいきしたり、仕事の配分を利用して労働者を分断し、組合の破壊を工作しようとしていました。このため労働組合は、これを押し止めるために積極的に団体交渉を通じて職務内容を再定義するとともに、各職務について賃金を決定し、各労働者間への配分ルールを確立していきました。これを、「ジョブ・コントロール・ユニオニズム」といい、特に賃金・付加給付の権利、さらには雇用保障を勤続年数とリンクさせる「先任権原則」へと結実していきました（アメリカ企業の雇用保障とは、特定の職務とそれらが属す昇進系列の職務に就く権利を意味します。そしてその中で特定の職務に就く労働者の順序、あるいは失う順序が先任権原則により決められます）。

アダム・スミスの『国富論』に始まる分業論は、テイラーの科学的管理法による熟練者の作業の細分化、単純化、不熟練化によって実現されました。この過程で職種は解体され、職務が管理単位として現れました。そして、第一次世界大戦中の生産増強において普及し、1950年代に確立し、人事管理上の職務分析、職務記述書、職務評価など諸技術が発達すること

Ⅱ　職務評価の実務　83

になり、製造業だけでなくアメリカの諸産業に展開されていきました。

☑ 職務評価の問題点

　職務の労働市場における価格は、職務価値の重要な尺度です。当初評価された全職務のその時点における義務と職務内容とその知識および相対的価値を企業にもたらします。しかし、次の問題点が指摘されています。

①職務評価の評価要素およびウェイトが変わることによって職務価値が変わるなど、新たな考え方が出てくると、制度の一貫性ある管理が脅かされる。
　（例　職務責任ではなくスキルの比重を大きくするなど）
②賃金決定過程に影響を与える職務内容の変化、経済的変化や労働市場の変動の影響など動態的諸要素があり、職務評価による価値がこれにうまく適応していない状態が発生する。
　（例　特定の技能工の供給不足など）

　以上のように職務評価制度には問題点があるとしても、これをもって職務評価が無用ということにはなりません。
　これらの問題点については、職務評価制度の再検討や職務の再格付けなどで対応することになっていますが、多くの場合、ほとんどの職務にこの制度が適用可能であり、十分正当化することができます。

☑ 職務評価方法の種類

　職務評価の方法には、大きく分けて「序列法」、「分類法」、「点数法」、「要素比較法」の4つがあります。ここではそれぞれについて簡単に説明したうえで、比較的活用しやすい点数法での評価手順について詳しく述べます。

84　第2章　職務分析・職務評価の実務

①序列法

　各職務そのものを全体として据え、職務同士を総合的な観点から相互に比較し、複雑度・困難度・責任度を基準に１番、２番、３番・・・・・と一挙に序列をつけていく方法（単純比較表）と、二職種ずつ組み合わせ、リーグ戦のように総当たり方式で比較評価し、上位と評価された回数の多い順に序列をつける方法（一対比較法）があります。

②分類法

　各職務そのものを全体として据える点では序列法と同じですが、比較の方法に差異があります。すなわち、職務対職務の相対比較ではなく、各職務をあらかじめ同程度の職務評価群として等級分類し、この等級ごとの基準を定めた「職務等級基準」と比較して、最も合致した基準の等級にあてはめる方法です。

　職務等級基準（分類表）（図表2-6）ができれば、この分類法の評価は比較的容易です。しかし、職種が多様に分かれている場合や、等級数が多い場合には、職種間に共通する基準の表現や各等級の差異を基準として表現することが難しく、また序列法と同様、職務を全体として総合的に評価するので、個人的主観の介入や、職務でなく担当者を評価してしまう恐れが生じます。

　しかし近年では、職務等級基準を、職務全体として総合的に評価するのではなく、職掌別や職種別に分けて作成したり、職務価値を構成する要素ごとに据えて作成することにより、基準の内容や表現を具体的にして、評価エラーを防ぐ改善がなされています。

③点数法

　職務価値を構成する要素ごとに、それぞれ独立した価値の段階を設け、その段階に対応して作成された「要素別評価基準（表）」を比較する方法です。これは、先に開発された分類法が職務全体を評価する方式で、職務の要素を分析的に研究する方法でなかったことから、職務を要素ごとに比

Ⅱ　職務評価の実務　85

較する分析的な評価方法として考案されました。

　具体的には、要素ごとにウェイトを持った段階別点数を定めておき、各職務の価値は、それぞれ該当する要素ごと、段階ごとの合計点数によって示されることになります。それゆえこの方法は、量的方法であると同時に分析的方法でもあります。

④要素比較法

　職務価値を構成する要素ごとに、賃率の定められた基準職務と非基準職務の各要素をそれぞれ比較評価し、該当する要素ごとの賃率を合計することによって、非基準職務の賃率を決定する方法です。

　基準職務の要素ごとの賃率決定にあたっては、基準職務に対して評価要素ごとに序列法を応用し、職務と職務を相互比較して序列づけし、現行の賃率を評価要素ごとの序列にマッチするよう分解・配分します。

図表 2-6　分類法例（技術・研究職群）

	職務内容	責任	監督・被監督の態様	資格要件	該当者
5級	極めて困難な専門的、科学的、技術的業務を遂行し定められた範囲の仕事について段取り・企画立案・調査研究等をなす。	実施した仕事に対して直接的責任を有す。	一般的指導監督を受け、中級研究員、技術員以下の指導監督をなす。	大学卒業後5年以上程度の専門的、科学的、技術的訓練と相当高度の経験を要する。	中級研究員中級技術員
4級	一定の基準に従って極めて困難な専門的、科学的、技術的業務を遂行し困難な問題について独立的判断をなす。	同上	直接的または一般的指導監督を受け、初級研究員、技術員以下の指導をなす。	大学卒業後2年以上程度の相当高度な知識と訓練および経験を要する。	初級研究員初級技術員
3級	一定の基準に従って相当困難な専門的、科学的、技術的補助業務を遂行し困難な問題について独立的判断をなす。	同上	直接的または一般的指導監督を受け、見習研究員、技術員以下の指導をなす。	大学卒業後6ヵ月以上程度の専門的、科学的、技術的知識と予備的訓練と経験を要する。	補助研究員補助技術員
2級	一定の基準に従って多少困難な専門的、技術的補助業務をなす。		直接または一般的指導監督を受ける。	高等学校卒業程度以上の専門的、科学的、技術的知識と予備的訓練と経験を要する。	見習研究員見習技術員
1級	単純な専門的、技術的補助業務または一定の基準に従って行う専門的技術的補助業務をなす。		直接的指導監督を受ける。	一定の専門的、技術的知識ないし予備的訓練と経験を要する。	研究補助員

Ⅱ　職務評価の実務　87

分類法例（管理職）

等級	分類基準
5級	・下級の管理部門の長からの報告・具申等と他部門や社外からの情報に基づいて、経営の主要機能についての全社的方針の立案、または地域的総合経営機能についての運営方法の立案等を行い、これらの内容を経営の最高方針に具現化することを任務としている部門経営層、または機能別組織の最高の長の職務。
4級	・部門内の業務運営の適否が、部門構成員の高度の専門知識や企画判断力の有無に左右されるとともに、業務遂行の失敗が社の経営に重大な影響を及ぼすような単位部門を管理している長の職務。 ・高度の専門知識や企画判断力を駆使し、下級の単位部門の長からの報告具申等と他部門からの情報に基づいて、経営の主要機能または地域的総合経営機能についての計画を立案することによって、上級の部門長を補佐する職務。
3級	・定められた手続きまたは定型化された業務を行う 20 人以上の部下を管理して業務を行う単位部門の長、または部下および業務の指導、統制、業務計画の立案、社内外との業務関連などについて、高度の専門知識または企画、判断力を要する業務を行っている単位部門の長の職務。 ・下級の単位部門の業務や社内外の業務関連を調整したり、下級の単位部門の長に対して部分機能について高度専門的な援助助言を与えることによって、上級の部門長を補佐する職務。
2級	・定められた手続きまたは定型化された業務を行う 7 人以上 20 人未満の部下を管理して業務を遂行する単位部門の長の職務。 ・単位部門の長を補佐する職務で、部門構成員の中の専門知識や判断力を要する業務に従事している 3 人以上の従業員を指導監督し、高度の専門知識や企画判断力を駆使して業務を遂行しているもの。
1級	・定められた手続きまたは定型化された業務を行う 7 人未満の部下を管理して業務を遂行する単位部門の長の職務。 ・単位部門の長を補佐する職務で専門知識や判断力を要する業務に従事している 3 人以上の部下を指導監督し、他部門との関連を考慮する機会の多い業務を遂行しているもの。 ・単位部門の長を補佐する職務で、定められた手続きまたは定型化された業務を行う 10 人以上の部下を監督する職務。

☑ 点数法の手順

STEP 1 　基準職務を選定する

　職務評価を実施するための評価委員（会）は、次の条件を勘案し、基準職務を選びます。選定する基準職務は、評価対象の職務の段階（レベル）に応じた職務を職掌別、職群別に選定します。なお、基準職務数は、企業（規模）や産業によって異なりますが、一般的にはおよそ15〜25種が目安とされています。

①評価しようとする各部門から選定する

②各部門における定型的、準判定的（半定型的）、判定的（非定型的）などの代表職務であり、評価結果の差が出る職務であること

③その職務に含まれる従業員の数が割合に多く、職務の内容も安定し、企業内で一般に理解されているものであること

STEP 2 　評価要素を選定する

　評価しようとする基準職務に含まれている評価要素を先に選び、近似した同様の性格を持つ要素を組み合わせて、技能、責任、努力環境という3要件の大項目に括ります。

　なお、はじめから技能、責任、努力環境という3要件の評価要素があって、これを細分化していく方法もあります。

①**技能要件**・知識に関する要素（基礎知識、実務知識）

　　　　　　・習熟に関する要素（実務知識、経験、熟練）

　　　　　　・精神的技能に関する要素（判断力、企画力、対人折衝力）

②**責任要件**・業務責任（アカンタビリティ）、指導監督責任

③**努力環境**・努力（心的緊張、身体的努力）

　　　　　　・環境（作業環境、身体的努力）

Ⅱ　職務評価の実務　89

| STEP 3 | 評価要素の段階区分をする

　段階区分の考え方としては、①評価要素ごとの段階数は様々であり同一にする必要はなく、②該当事例のない、あるいは管理上必要のない低い段階や高い段階は設けないこととします。

　また、作り方としては、①企業に合った段階区分を作る、②評価基準設定までの準備をするという手順となります。この場合の準備とは以下のようになります。

・分析および評価手法の確認
・基準職務の選定と職務記述書の作成
・基準職務を見て、その序列づけを行い統一的な見解を持つ

| STEP 4 | 評価要素に対するウェイトを決める

　ウェイトを決めるには、企業内の職務の実態の中で、職務間に通念的と思われる数値が前提となって、いろいろなウェイトを試算し合議的に決定することが実務的です。

　段階ごとの点数の決め方は以下のようなものがあります。

①等差的に点数を割りつける方法

　最高点と最低点を直線で結び、段階ごとの点数差が等しくなるように設定する

②等比級数的に点数を割りつける方法

　最高点と最低点を逓増曲線で結び、段階ごとの点数倍率が等しくなるように設定する

③等級差等差級数で点数を割りつける方法

　最高点と最低点を逓増曲線で結ぶが、等比数級とは異なり、第2階差が等しくなるように設定する

　なお、国際労働機関（ILO）による職務（役割）評価項目を使用する場合の、それぞれの基本要因のウェイトの目安は、以下の通りとなっています。

90　第2章　職務分析・職務評価の実務

＜ウェイトの目安＞

	事務、技術職		現業職	
	％の幅	平均％	％の幅	平均％
技能要件	41.6〜75	約55	35〜64	約45
責任要件	17〜36	28	17〜34	24
努力・環境要件	8〜28.5	17	20〜48	31

＜ILO評価項目を使用した場合のウェイト目安＞

要因	ウェイト
知能・技能	20 〜 35%
負担	15 〜 25%
責任	25 〜 40%
労働条件	5 〜 15%
合計	100%

STEP 5　職務等級区分を設定する

　等級区分は職務評価の結果、各職掌内にいくつかの段階を設けるものであり、一般に職務等級といわれるのは職種の中の技能段階をいい、職務等級区分（グレードともいう）と職級は区分されます。

①総合評点結果をグラフ用紙にプロットする

②グラフを検討し、できるだけ区切りの良い点を見つけ出し、いくつかの等級に区分する

③等級区分表の案を作る

④異動、昇進ルートが適正に維持できるか、社内の人事秩序を大幅に乱すことがないように運用することができるかなどを検討する

Ⅱ　職務評価の実務　91

図表 2-7 要素別評価基準例

区分	基礎知識	習熟	業務責任	判断力
ウェイト				
定義	職務を遂行するに必要な基礎的な素養または専門的、学理的知識をいう。	職務を遂行するに必要な実務知識ならびに熟練をいう。	職務を遂行するに際し、その作業、設備の管理および指導監督に対する期待の程度をいう。	職務の複雑、困難に対する判定の程度をいう。
内容	正式の学校における教育課程の程度をもって評定する。	職務を標準的に遂行するのに必要とされる実務知識と熟練の程度をもって評定する。	作業系列の中で担当する作業の作業全体に与える影響の度合を考慮して評定する。部下の員数ならびに上位者のチェックの程度も併せて考慮する。	判断の影響とその難易度の程度で評定する。
5	高度な理論的、体系的な専門知識を必要とするため、高校課程修了程度の専門的知識または一般的知識では足りない。	高度の実務知識と熟練を必要とする。	作業全体を預かる。数名の部下を指導監督する。	いくつかの要素を総合勘案して高度の判断を行う。
4	理論的、体系的な専門知識をかなり必要とするため、高校課程修了程度の知識または一般的知識がいる。	やや高度の実務知識と熟練を必要とする。	作業の急所を預かり、その影響が大きい。2〜3名の補助者を有することがある。	与えられた規準に従い、推理を伴う選択的判断を行う。
3	理論的、体験的な知識をやや必要とするので、中学課程修了程度の専門的知識または一般的知識では足りない。	かなりの実務知識と熟練を必要とする。	独立して自己の担当する作業を遂行しその影響が比較的大きい。上位者のチェックを受けることがなく、補助者を有することがある。	与えられた規準に従い、一定の範囲内で、高度な二者択一的判断を行う。
2	簡単な理論的知識を必要とするため中学課程修了程度の専門的知識または一般的知識がいる。	多少の実務知識と熟練を必要とする。	独立して自己の担当する作業を遂行するが、その影響は少ない。上位者のチェックを受けることがある。	与えられた規準に従い、一定の範囲内で単純な二者択一的判断を行う。
1	ほとんど理論的知識は必要でなく常識で足りる。	ほとんど実務知識および熟練を必要としない。	自己の担当する作業の大部分を上位者の指示通り行うことが多く、全体の作業の出来不出来にはほとんど関係がない。	判別程度にとどまる。

ストレス耐性	肉体的負荷	作業環境	災害危険度
職務遂行に伴う五感を通じての精神的疲労をいう。	職務遂行に伴う肉体的疲労をいう。	作業場所の環境条件が作業者に与える不快感をいう。	職務を遂行するに際して、安全作業を普通に行っても、なお起こる不可抗力の災害危険度の程度をいう。
作業中の緊張度および拘束度から総合的に評定する。	作業中における肉体的消耗の程度をもって評定する。	温度、粉塵、騒音その他の条件を総合的に評定する。	機械的危険、電気的危険、科学的危険等を総合的に評定する。
細心の注意と高度の緊張を必要とするため、相当の精神的疲労を感ずる。いわゆるぐったりする作業。	高度の肉体的消耗を伴う。	数種の不快な条件が重なり、その程度が高い。	不可抗力による災害の起こる頻度が高く、その災害の程度はかなり大きい。
しばしば強度の緊張を必要とするので注意を怠り得ない。いわゆる、芯の疲れる作業。	やや高度の肉体的消耗を伴う。	数種の不快な条件が重なっている。	不可抗力による災害がしばしば起こり、その程度は大きい。
軽微な緊張が持続し、時々、強度の緊張を必要とする。	中程度の肉体的消耗を伴う。	不快な条件が若干ある。	不可抗力による災害が時々起こり、その程度はやや大きい。
軽微な緊張が持続的であるか、断続的に多少の緊張を必要とする。	軽度の肉体的消耗を伴う。	不快な条件があるが、軽微である。	不可抗力による災害がまれに起こるが、その程度は軽微である。
特に緊張を必要としないかまたは断続的に軽微な緊張を必要とする。	特に肉体的消耗はない。	特に不快な条件はない。	普通の注意を払っておけば災害はない。

II 職務評価の実務　93

図表 2-8　事務・技術職　要素別評価基準例

要素1．教育に関する資格要件　ウェイト　12％
　　評価対象となる職務を遂行するのに必要な最適の教育とは何か？

等級		ポイント
1	簡潔なメッセージや指示を読み書きできる能力 簡単な記録をつける能力 単純な算術計算を実行する能力	8
2	ルーチン的な手紙や報告書を書く能力 速記やタイプを含む、ルーチン的な事務作業をこなす能力 小数や分数を含む、ルーチン的な計算を処理する能力	17
3	複数のテーマに関して手紙や報告書を書く能力 より複雑な計算を処理する能力 統計資料を作成する能力	25
4	会計や統計、事業経営といったテーマに関する実務知識や科学的 なテーマに関する技術的な訓練を要する仕事を行う能力	34
5	簿記や原価計算といったテーマに関する、詳細な知識 学校で受けた技術的なトレーニング、または同等の技術 国家認証レベルを要する	43
6	大学卒（または同等レベルの）科学的知識	51
7	専門分野における大学院でのトレーニング 創造的な仕事を行うか指示する能力	60

要素2．必要な経験　ウェイト16％
　　要素1の教育資格要件に加えて、職務遂行に必要となる経験で、
　　平均的な人が最短期間で経験すべきものは何か？
　　この期間は重複のない経験のための最短のものである。

等級		ポイント
1	1か月以内の経験	10
2	1か月超3か月以内の経験	20
3	3か月超6か月以内の経験	30
4	6か月超1年以内の経験	40
5	1年超2年以内の経験	50
6	2年超5年以内の経験	60
7	5年超10年以内の経験	70
8	10年以上の経験	80

要素3．監督責任　ウェイト10％
　　職務を担当する者が通常実行する、指揮や監督の程度を評価する。

等級		ポイント
1	任務をどのようにして果たすかを他者に示す以外には監督責任がない。	8
2	少人数の時間給従業員または1～2名の事務スタッフを監督する。	16
3	大人数の時間給従業員または少人数の事務スタッフまたは初級施術 スタッフを監督する	25
4	かなり大人数の時間給従業員のセクション　および／または専門家 レベルの従業員を含むスタッフのグループを監督する	33
5	上級専門スタッフを含む大きな課の仕事を指揮する	41
6	部門または、会社の主要な機能を担う部課の仕事を指揮する	50

要素４．決断　ウェイト１０％
企業運営に影響を与える意思決定責任をその任にある者が果たせるかを
考慮する。行動を勧告する事によって、あるいは制定された計画や基準
に従って、運営上の意思決定を行う、あるいは新たな状況の中で運営上
の意思決定を行う。

等級		ポイント
1	小さな決断	7
2	制定された方針に従って行う頻繁な決断	14
3	制定された方針や過去の決定では明確にカバーされていない、頻繁な勧告や決断	21
4	企業運営にはそれほど変化を及ぼさない、臨時の決断	29
5	企業運営にはそれほど変化を及ぼさない、頻繁な決断	36
6	企業運営に重大な変化を及ぼす、臨時の決断	43
7	企業運営に重大な変化を及ぼす、頻繁な決断	50

要素５．監督・被監督の態様　ウェイト６％
職務担当者が受ける指揮命令や監督の程度や頻度を考慮する

等級		ポイント
1	規則的・ルーチン的な業務割り当てを受ける。常に監督された状態で業務を遂行する。業務及びその成果は定期的にチェックされる。	6
2	実務基準に従って仕事をし、たまに監督される。監督に質問をし、監督からチェック。	12
3	指示や主要業務プログラムで決められた概要に従って、自分の仕事の計画を立て、調整を行う。ルーチン外の複雑な問題が発生した場合に限り、監督者に相談し、政策的な決定に従う。	18
4	従業員は広範なポリシーガイドに従って仕事をこなし、時々、指示されるだけである。上位者には、ポリシーの解釈について相談するだけである。仕事には考える能力が要求され、問題に対する独自のアプローチも求められる。ポリシーガイドラインに沿って、意思決定を行う事が必要となる可能性がある。	24
5	ポリシーを作る役割。監督されることはなく、指示もほとんどない。仕事のアウトプットと質に関して、独自の基準を打ち立てる。	30

要素６．仕事の複雑さと順応性
仕事の複雑さと職務担当者に求められる順応性の程度を考慮する。

等級		ポイント
1	変化の限定された単純なルーチンワーク。	8
2	様々なルーチン活動。突然の仕事の変更は含まれない。	16
3	様々な活動。定期的に、わずかな時間ではあるが、突然の仕事の変更に時間を取られる。あるいは、幅広いスキルが求められるが、突然の仕事の変更は無い。	24
4	広い範囲のスキルと、要望に応じて突然の変更に対応することが求められる仕事。	32
5	広い範囲のスキルが求められ、一つ活動から別の活動への変更が絶えない仕事。	40

Ⅱ　職務評価の実務　95

要素7．資産や原材料に対する責任　ウェイト9％

職務担当者の、設備機器、在庫、物品、現金等の安全確保に対する
責任を考慮する。つまり、滅失、通常の摩耗を超えたダメージ、陳
腐化が発生しないように保証する責任である。価値の変化がかなり
大きい場合、ポイントを集計するのに使われる価値は平均的なレベ
ルであるべきである。

等級		ポイント
1	£5,000　以下	4
2	£5,000－£12,500	9
3	£12,501－£25,000	13
4	£25,001－£50,000	18
5	£50,001－£125,000	22
6	£125,001－£250,000	27
7	£250,001－£500,000	31
8	£500,001－£1,250,000	36
9	£1,250,001－£2,500,000	40
10	£2,500,001－£5,000,000	45

要素8．内外接触力　ウェイト8％

職務担当者と他社との接点の頻度と重要性を検証する。
接触力は、社内と社外の双方について検証する。

等級		ポイント
1	直近の同僚以外はほとんど関係をもつことが無い。	8
2	自分と同等レベル以下の人々との日常的な接触をもつ。他のセクションや部課や組織外の人々と情報交換する。	16
3	社内や社外の上位職の人々と接触し、情報交換する。	24
4	社内のより上位職の人々と接点をもち、助言を与えたり、結論を得たりする。あるいは、会社として意見を伝える必要がある場合や、相手の結論に影響を与えたい場合には、社外の上位職の人々との接点を持つ。	32
5	相手のレベルに関係なく、重要な接点を持ち、会社として助言を与えたり、結論を得たり、合意を形成する。	40

要素9．記録と報告に関する責任　ウェイト6％

記録や報告の維持管理・作成にどのような責任を果たしているのか。

等級		ポイント
1	ファイルの選択と差し替えだけを含む簡単なファイルシステムを維持管理している。郵便物の仕分けや資料の単純なコピーなど。	5
2	日常的な記録の維持管理と単純な明細報告書の作成。	10
3	多くの日常的な記録の維持管理と2～3の明細報告書の作成。そして／または、より複雑な記録の維持管理。そして／または、たまに日常的な報告書を作成する。	15
4	様々な記録の維持管理。いくつか異なる種類の明細報告書の作成。そして／または、多くの複雑な記録の維持管理。そして／または、多くの簡単な報告書の作成。そして／または、たまに複雑な報告書の作成。	20
5	複雑な記録の維持管理。複雑な報告書の断続的な作成。	25
6	ルーチン外の、範囲が広く、複雑な報告書の作成。	30

要素１０．秘密情報保持に関する責任
　　機密事項や秘密書類を取り扱う際の職務担当者の責任を評価する。

等級		ポイント
1	機密事項にほとんど、あるいはまったくアクセスしない。	7
2	従業員給与記録などのような秘密資料にアクセスする。	15
3	それを公表することが、会社の金銭的逼迫や損失を与えかねないほど 重大な秘密資料に、たまにアクセスする。	22
4	それを公表することが、会社に深刻な影響を与えかねないほど秘匿性 の高い資料に、継続的にアクセスする。	30

要素１１．身体的スキル　ウェイト５％
　　仕事を行う上で必要となる、何らかの身体的スキルの程度を考慮する。

等級		ポイント
1	大半の事務職位にみられるような、低いレベルのスキル。	5
2	中程度のスキル。 労働日のうちの何日分かはその身体的スキルが使われる。 例えば、書記タイピストがその労働時間の５０％を、そのタイピング・ スキルでまかなうようなレベル。	10
3	中程度のスキル。 労働日のすべてをそのスキルでまかなうようなレベル。 例えば、タイピスト、会計機械のオペレーター、製図工など。	15
4	ハイレベルのスキル。 労働日の大半をそのスキルでまかなうようなレベル。	20
5	ハイレベルのスキル。 労働日のすべてををそのスキルでまかなうようなレベル。 コマーシャルアーチストなど。	25

要素１２．労働条件（作業環境）ウェイト４％（※）
　　職務担当者がさらされる職場環境を考慮する

等級		ポイント
1	通常の事務所／工場の職場環境。	5
2	平均を超える、悪臭や騒音や高温。	10
3	過度の悪臭や騒音や高温。	15
4	常時特別な配慮を必要とする、危険な職場環境。	20

　　（※）この要素は職位のグレード付けには通常は影響を及ぼさない。
　　しかし、一定の職場環境（特に以下、３や４）のひどさをカバーするため特別手当が
　　支払われることがあるかもしれない。

図表 2-9 事務・技術職　職務評価の要素と評価ウェイト

評価要素	ウェイト%	最大点数	評価段階数	段階差
1.　知　　識	12	60	7	8-9
2.　経験条件	16	80	8	10
3.　監督責任	10	50	6	8-9
4.　決断力	10	50	7	7-8
5.　監督・被監督の態様	6	30	5	6
6.　仕事の複雑さと順応性	8	40	5	8
7.　資産管理責任	9	45	10	4-5
8.　内外接触力	8	40	5	8
9.　記録・報告管理責任	6	30	6	5
10.　機密情報責任	6	30	4	7-8
11.　身体的能力	5	25	5	5
12.　作業環境	4	20	4	5
合　　計	100	500		

図表 2-10 評価得点と職務等級（グレード）

グレード	得点	グレード	得点
C	～120	G	286～340
D	121～175	H	341～395
E	176～230	I	396～450
F	231～285	J	451～500

出典：『SALARY administration』Gordon McBeath & Nick Rands(1989)

98　第２章　職務分析・職務評価の実務

☑ 職務を職務等級（区分）にグループ分けする方法

(1) 分類法の場合

　分類法は先に説明したように、一定の職務測定の基準（職務等級基準）を準備して、職務間の格差を測定し、等級を決定する方法です。したがって、職務等級の数および各職務等級に求められる困難さのレベルはその尺度が定められた時、つまり職務等級基準の作成時に決定されています。

　職務を評価する際に、職務の尺度と比較照合し、その困難さに適合した定義を持った等級に格付けされます。

(2) 点数法の場合

　点数法は、各職務の点数価値が評価によって算出されているため、序列化は容易です。多くの職務が比較的接近した点数になる場合や、点数の開差が大きくなる場合もありますが、プロット図を作成し、点数の切れ目、つまり自然な分離点を見つけ出すことも可能です。

　しかし、一般的には、各職務等級に点数幅を設け、その点数価値を包含する職務等級に各職務を配分することによって決定します。

　具体的には、要素別評価基準（表）によって職務を評価した場合の最高と最低の評価点数を算出し、会社が自らの管理能力を考慮し検討した、あるいは実験したいと思う職務等級数で割ります。例えば、最低点が100点で、最高点が1,000点とあるならば、（1,000点 − 100点）÷ 10等級 = 90点となります。等級1については100〜189点とし、等級2は189点と重複しないよう190点を最低点、279点を最高点とします。等級3以上はそれに90点ずつ加えて算出します。ある職務の評価点数が500点であれば、その職務は職務等級5に格付けされることになります（図表2-11）。

図表2-11 職務等級区分範囲

職務等級区分 （グレード）	等級区分範囲	
	最低点	最高点
1	100	189
2	190	279
3	280	369
4	370	459
5	460	549
6	550	639
7	640	729
8	730	819
9	820	909
10	910	1,000

☑ 点数法を使った等級算出例

　ある製造業で職務分析をし、職務再編成をした後の職務記述書は図表2-12〜16の通りです。ここでの職務評価は、要素別評価基準表（図表2-7、2-8）を用いて行います。

　生産職群の技能職種A、B、Cおよび部材管理職A、Bを評価した結果、それぞれ評点は、450点、650点、790点、390点、590点となりました。

　この評点を職務等級区分にあてはめると、技能職Aの現業職務等級区分は等級（グレード）4、技能職Bは等級（グレード）7、技能職Cは等級（グレード）8、部材管理職Aの現業職務等級区分は等級（グレード）4、部材管理職Bは等級（グレード）6となります。

100　第2章　職務分析・職務評価の実務

図表 2-12

職務記述書（技能職A）

単位業務名	職務行動内容
工程計画	受注物件の件数、内容等を確認する
	工程表に制作期間を記入する
小日程計画（現場ミーティング）	製作者は今日一日の制作内容を報告する
	製作者は梱包作業者に当日の製作品と加工工程を伝える
図面から部材寸法読み取り	使用する部材の種類を確認する
図面から部品読み取り	使用する部品の種類を確認する
図面から加工方法読み取り	使用する部材の種類を確認する
	担当する物件の図面を見て、加工方法を読み取る　　　　　（基本加工）
材料から切断部材取り計算	使用する部材の種類を確認する
	工場内にある残材を確認する
製品別明細書作成	各明細書類の種類、書き方を確認する
	梱包明細書に追い番号を記入する
	部品担当者に部品の拾いだしを依頼する
製品チェックリストの作成	使用する部材の種類を確認する
	梱包者にチェックリストを渡し、製品のチェックを依頼する
材料(直角)切断作業	ノコ盤で材料の直角の切断を行う
	ノコ盤の寸法レールを必要寸法に合わせる
	ノコ盤を扱い材料を切断する
	切断した部材をメジャーを使って寸法を計測する
	切断後の部材角度など問題なければ、切断を進めていく
材料(二次元、三次元角度)切断作業	ノコ盤で材料の特注角度の切断を行う
	角度切りの場合、ノコ盤の材料を置く台に切り筋が入ってしまう為、3mmのポリカ板引き、ノコ刃を上げ、調整する
材料罫書き作業	物件図面を見て、部材の穴位置を計算する
	穴位置計算を再度行いチェックする
	計算した穴位置を部材へ罫書作業をする
	治具がある場合は必要な所だけ罫書作業をする
	罫書作業後のチェックを行う
材料穴加工作業	ボール盤加工がある事を確認する
	ボール盤にキリを順番通りにセットする
	穴加工をし、バリや切粉を取り除く
	自分で判断できない物は上司に相談し、場合によっては作り直しする
材料プレス加工作業	プレス加工により、穴加工、部材切りかき加工がある事を確認する
材料プレス加工作業	プレス機の使用方法、加工によっての金型の種類を確認する
	プレス機に専用金型をセットし加工していく
	加工が終わっての、部材、金型についているバリや切粉を取り除く
穴加工後材料にBT、ビス取り付け用加工作業	空けた穴にリベット加工、ポップNT加工、タップ加工をする事を確認する
	リベット、ポップ、タップ加工作業ができるようにする
	穴に加工していく
	各加工に不具合がないかチェックする
	自分で判断できない物は上司に相談し、場合によっては作り直す

II　職務評価の実務　101

ジグソーを使用した切断作業	ジグソー切断作業内容を理解し切断していく
	加工後、図面を基にチェックする
A製品組立作業	リベット止め、ボルト、ビス止めがある事を確認する
	リベッターの使用方法を理解し、組立をする
	インパクトドライバーの使用方法を理解し、組立をする
	図面を確認し、組立部材がすべてある事を確認する
	組立部材の汚れや罫書跡を拭き掃除をする
B製品仮組作業	各B製品の収まりや特徴をしっかり確認する
	出隅、入出隅型になった時のB製品の形状、加工方法をしっかり確認する
C製品材管理	C製品材使用物件を管理課に確認し準備する
	C製品材搬入日を確認し、搬入後、枚数確認。保管場所へ置く
	3枚1セット状態での搬入の為、必要枚数をバラし、再度梱包する
天井クレーン操作	ペンダントスイッチのボタンを押し、使用前点検を行う
	クレーン操作、使用方法を理解し操作する
出荷準備	詰所内の週間出荷工程表を見て、出荷日を確認する
	担当物件の梱包、部品拾いだしが、すべて終わっている事を確認する
	梱包済製品と部品が入っている箱をパレットに乗せ、工場入り口付近まで天井クレーンで運搬する
	出荷個数を制作依頼書に記入し、パレットに貼り付けする
出荷作業（路線便）	管理課から送り状、荷札が回ってきたら、送り先、製品名等を制作依頼書と確認する
	問題なければ、送り状に個数を記入し、荷札にもすべて個数を記入する
	運送会社事の出荷方法を理解し、必要ならば、出荷製品個数分の重さを量り、送り状に記入する
	梱包済製品に荷札を貼り付けする
	個数等を記入した制作依頼書は詰所内の確認BOXに入れる
	運送便が積み込み忘れがないかを確認する
出荷作業（チャーター便）	管理課から送り状が回ってきたら、送り先、製品名等を制作依頼書と確認する
	問題なければ、送り状に個数を記入する
	トラックへの積み込みを製造課全員で行う
	積み込み後、積み忘れがないかを確認する
	すべての確認が終わったら送り状控えを管理課へ回す
外注費削減作業 （出荷個数減）	結束数、結束した製品追い番号、長さ、を制作依頼書に記入する
	記入後、詰所内の確認BOXに入れる
アルミ残材棚卸	【月次】C製品材、R補強材　【半期】月次項目＋工場内残材の棚卸しをする
	C製品材＋R補強材の種類を理解しておく
	工場内の残材の種類、置き場を理解しておく
	C製品材、R補強材は各管理担当者で棚卸を行う
	棚卸し終了後、まとめをし、管理課へ提出

102　第2章　職務分析・職務評価の実務

機械点検	ノコ盤、ボール盤、プレス機の使用前には点検を行う
	ノコ盤、ボール盤の月次点検を点検リストを見ながら行う
天井クレーン点検	天井クレーンは月次、年次点検がある事を確認する
	月次点検、年次点検の点検項目、やり方を確認する
	クレーン点検表の項目にチェックを入れ、提出
新商品開発	新商品試作の図面をしっかり確認する
	新商品の試作を試作図面を見て制作する
(特注)外注部品の検品	担当物件の物(鉄心、特注金物、折半)の検品を物件図面の金物図を見て行う
	外注品搬入後、図面を確認し長さ、穴位置、穴加工、キズ等を確認する
	不具合報告書に上記について記入し、上司に報告 (上司は品質管理責任者へ報告、提出を行う)
製造会議	月1回の製造会議に参加し、報告、相談などに取り組む
	自分の目標に対しての報告をする
	カイゼン活動の進捗具合を報告する
	会議の決定事項で自分が関係している物の進捗状況を報告する
	安全衛生委員会での指摘事項、決定事項、周知事項を報告する。
不具合、クレームの報告	自分が起こしてしまった不具合、クレームに対して不具合報告書を記入する
	不具合の原因を具体的に報告書に記入する
クレームに対しての対処	クレームが起こった時、対処方法を上司に聞いて対応する
	対処後は必ず上司、関係部署に報告する
標準時間の設定	規格品(四角＝正方形、長方形)の制作時間を個人物件制作時間表に記録する
製造課員作業の改善	(現場観察)定期的に、製造課員が行っている作業を課員全員が見学し、良い所を発見し述べる。
図面の不具合発見	上司に報告し、不具合箇所を説明する

図表2-13

職務記述書（技能職B）

単位業務名	職務行動内容
工程計画	希望納期、作図完了日を打ち合わせする（客先希望納期を配慮して行う）
	受注物件事に作業者を振り分け、担当を決定する
	制作工数を制作標準時間をもとに算出する
	前日までに受注している物件の工程と合わせ、工程予測を報告する
	完成製品の部材本数を見て、梱包数、梱包にかかる時間の予測を算出し、出荷予定日を設定する
小日程計画 （現場ミーティング）	担当している物件の梱包作業状況を把握し、制作が完了した製品を梱包に回す順番を仮設定し、報告する
	製作者は自分の制作標準時間と梱包者の梱包状況を見て入れ替え案を検討し、報告する
図面から部材寸法読み取り	担当する物件の図面を見て、仕様収まりを読み取る
	担当する物件の図面を見て、使用する材料を読み取る
	すべての材料切断寸法を用紙に記入する
	すべての材料切断寸法を再度計算、チェックする
図面から部品読み取り	担当する物件の図面から使用部品を読み取る
	担当する物件の図面から使用BT、ビス、金具を読み取る
図面から加工方法読み取り	加工図、詳細図がない為、規格品制作図を基に読み取りする
材料から切断部材取り計算	定尺材料から切断寸法を差引。必要な定尺材料の本数を計算する
	定尺材料と残材を照らし合わせ、必要な定尺材料の本数を計算する
	材料担当者に必要定尺材料の払い出しを要求する
製品別明細書作成	加工済の製品を梱包する為の梱包明細書を作成する
	梱包者に梱包明細書を渡し、製品の梱包を依頼する
	製品組立に必要な部品を明細に記入し、部品明細書を作成する
製品チェックリストの作成	加工済の製品をチェックする為のチェックリストを作成する （加工完成のイメージができる）
材料(直角)切断作業	切断した材料がノコ刃に対して直角に切断できているか確認。問題があれば、ノコ刃上部のメモリを動かし、直角になるよう調整する
材料(二次元、三次元角度)切断作業	担当物件の正面図の寸法を見て製品の切断角度を計算する
	間口、出幅の寸法の違いを見て、関数電卓でCOS、TANを使用し製品の角度を出す
	ノコ盤の上部にあるメモリで、角度調整を行い、必要な切断角度に設定する （図面上の必要角度とノコ盤調整角度を調整）
	切断に必要な角度にノコ盤の刃、メモリを合わせ、切断角度を設定する （二次元角度＝刃上メモリ）　　　（三次元角度＝刃横メモリ）
	3次元角度の鋭角がよりきつくなる場合、現状のまま切断できないと判断し、ノコ盤の直角治具を取り外し、切断できるようにする
	3次元角度の切断では、2次元角度設定時より、刃の高さが低くなる為、刃の高さを上げて、切断に適した高さに調整する
	切断した部材をメジャーを使って寸法を計測する （部材によって、計測する箇所が違う）（マニュアルなし）
材料罫書き作業	治具がない場合は罫書順を決めて効率よく罫書作業する
材料穴加工作業	同じφ数の物からまとめて穴開けしていけるよう順番を決め取り掛かる
	穴加工した箇所を図面を見ながらチェックする
	穴加工を間違えた場合、対処方法を自分で判断する

材料プレス加工作業	プレス加工後、仕上りを見て、ヤスリ棒、サンダー等を使用し、調整、最終仕上げを行う
	現状＋今後の制作物に対する加工をプレス加工に移行できる物等を提案する
穴加工後材料にBT、ビス取り付け用加工作業	各加工に不具合があり、外れや緩みがあると判断した物は抜き直し、再度加工する
ジグソーを使用した切断作業	小さい、細かい物の切断で、ノコ盤で、できない物をジグソーを使って真直ぐ切断していく
A製品パネル組立作業	効率、時間配分を考えて組立プランを出す
	組み上がった製品の出来具合を図面、収まり等を見て、検証する
B製品組立作業	仮組にかかる時間を測り、現状能力を把握
	仮組ポイントである出幅、高さを参考に土台を制作する
	必要部材を組立、出幅部材を取り付け、水平、直角を測り、問題ない事を確認する （マニュアルなし）
	問題があり、自分で直し、改善作業できない場合は上司、設計課に連絡し相談する
C製品材管理	不具合、クレームに繋がりそうなキズ、割れ等がないかチェックする
	C製品材を使用する物件を調べ、物件出荷日に合わせ、納品日を検討し、準備する
出荷準備	部品の検品を部品明細書と品物を見比べ、検品 （BT、ビス、金具類の数を数え、部品担当者へのダブルチェック分を含む）
	物件によってC製品材、ポリカ板材も共に出荷する為、担当者に確認。現物に不具合がないかを必ず確認する
	梱包済の製品の追い番号と梱包明細書控えを見て、個数を確認 （物件に必要な物がすべて揃っているかの最終チェック）
出荷作業（路線便）	制作依頼書、送り状、荷札を確認後、不具合があった場合、管理課に確認を入れ、是正を要求する
	積み忘れがあった場合、管理課に連絡し、引き取り依頼をかける （積み忘れがないように、運送便担当者に是正、対策を促す）
出荷作業（チャーター便）	制作依頼書、送り状確認後、不具合があった場合、管理課に確認を入れ、是正を要求する
	チャーター便のトラック引き取り時間を確認し、出荷段取りを組む
	運転者に受取を貰い、行き先、荷受人、到着時間を確認、到着前に荷受人に連絡を指示する
外注費削減作業 （出荷個数減）	路線便（佐川、トール便）に対しての出荷個数の削減を行う
	出荷準備時、運送が困難にならないレベルでPPバンドにて結束を行い個数を減らし、運送費を削減する
アルミ残材棚卸	使用していない部材、長い月日動かない残材に関しては上司に確認後、破棄する
	残材にする材料寸法、置き場の改善等を上司に提案する
機械点検	故障がある場合、不具合を調べ、社内で修理できるか判断する
	修理、購入案があれば、製造会議にて報告、相談する
天井クレーン点検	問題、交換箇所等がないか、チェックしていく
	問題、交換等の是正処置を個人でできる
	問題、交換等の是正処置を個人で行えない場合、対策を考え上司に報告する
新商品開発	新商品試作の仮組を行う　　　　　　（マニュアルなし）
	組み立て後、直角、水平である事（必ずはずしてはならないポイント）を確認する
展示会	展示会に出展する製品を制作する
（特注）外注品の検品	検品後、問題があった場合、対処、是正策を考える
製造会議	自分の目標結果報告、結果に対して是正と、影響について報告する
	月次で起こった不具合報告の是正処置について提案、アドバイスをする

Ⅱ　職務評価の実務　105

不具合、クレームの報告	不具合の是正について具体的に対策を提案する
クレームに対しての対処	クレームが起こった時、対処が自分で判断し対応する
標準時間の設定	規格品（四角＝正方形、長方形）の制作時間の確認の上、作業観察を実施し、改善する
	特注品（規格外、変形）の制作時間を個人物件制作時間表に表す
図面の不具合発見	設計上の図面のつじつまのあわない寸法、数のミスを発見する
新入社員教育	その時の工場内の作業により手順書を見ながら段階的に教えていく
	資料が必要な場合はわかりやすく製作し、随時新入社員に渡す

図表 2-14

職務記述書（技能職C）

単位業務名	職務行動内容
図面から加工方法読み取り	担当する物件の図面を見て、加工方法を読み取る　　　　　（特注加工）
	取付現場加工が特殊な場合は作業員が加工しやすいよう治具等を考案する
材料(直角)切り作業	次工程の制作順を考え、部材切断時間の短縮できるように順序を考え、立案する
	材料切断寸法を間違えてしまった場合は、上司に報告し、今後の切断ミス対策を考案する
材料(二次元、三次元角度)切り作業	ノコ刃が機械から出てきて切れる角度と、切った事によって残る角度を考え、設定角度をチェックする
	ノコ盤で材料の特注角度の切断を行う　（危険防止、材料を刃に対して直角にする直角治具がない状態での切断の為、材料はしっかり手で固定する）
	(チェック)切断部材の角度、寸法が一致しなかった場合、ノコ盤の状況や図面の寸法など見返し、原因を追究する
	部材切断時間を短縮できるように順序を考える
	材料切断寸法を間違えてしまった場合は、上司に報告し、今後の切断ミス対策を考案する
材料罫書き作業	罫書が間違っていた物は消し、原因を付き止め、再発防止方法を考案する
材料穴加工作業	時間短縮に繋がる穴加工の方法、順番を提案し、検証、上司に報告する
材料プレス加工作業	時間短縮ができ、ミスが起こらないよう対策を検討し、加工の順番を決め、検証
穴加工後材料にBT、ビス取り付け用加工作業	時間短縮ができ、ミスが起こらないよう対策を検討し、加工の順番を決め、検証
B製品仮組作業	担当の特注物件が出隅型、入出隅型の場合は仮の組立をする　　　　（マニュアルなし）
	図面上で寸法が出てこない出隅、入出隅部の部材を仮組しながらの切断、加工をする（マニュアルなし）
	出隅、入出隅の出幅部材をノコ盤で角度を調整しながら切断し、合わせを繰り返し行う
	各B製品の特徴上、出幅部材が収まらない場合は出幅部材、樋、軒付部材を取り付け易いように、切りかき加工し、収めるよう制作する
	組み上げが完了した出隅、入出隅部材の収まり具合を確認し、押え部材の切断角度を調整し、切断、加工する
	全体的な【H寸、L寸、直角、標準角度、出隅、入出隅部】収まり具合を図面と共に検証する
	問題があった場合はどこが悪いのかを突き止め、改善、改良作業を施し、完成させる
	仮組、施工の仕方、手順、施工簡素化など、時間の短縮、簡素化に繋がる立案、報告する
外注費削減（出荷個数減）	よりコストダウンになる取り組みを上司に提案する
新商品開発	制作後、効率の良い仮組又は組み上げをし時間を測り、改良点を見つけ、提案、実行する
	試作の製品に関する問題点、制作短縮に関する改善点を報告する
展示会	展示会製品の制作後、仮組みを行い、製品においての改良点を提案する
製造課員作業の改善	(現場観察)　　　　定期的に、製造課員が行っている作業を課員全員が見学し、改善、是正案を具体的に提案する
標準時間の設定	標準実績比率の確認と改善項目の洗い出しをする
図面の不具合発見	現場施工、建て方まで考えないとわからない不具合を発見する
新入社員教育	教えた事をチェックしていき抜けが無いようにする
	項目がなければ書き足して手順書を更新していく

Ⅱ　職務評価の実務　107

図表 2-15

職務記述書（部材管理A）

単位業務名	職務行動内容
アルミ材荷受け作業	管理課に材料搬入日を確認する
	返却用の空パレットがある場合、返却を依頼する
	伝票を受け取り、形材の種類、本数があっているか確認する
板物の荷受け作業	管理課に板物の搬入日を確認する
	管理課に搬入してくる板物の枚数、種類を確認する
	返却用の空パレットがある場合、返却を依頼する
	伝票を受け取り、板物の種類、枚数があっているか確認する
板物の制作	物件の制作図面の板物寸法を見る
	板物の色、長さ等を制作図面にて確認する
	板物材料の取り方を計算する
	専用のカット場にて切断作業を行う
板物の制作	板物を90度（直角に）カットする
	必要枚数の切断、寸法に間違いがないか確認する
板物梱包	板物専用の段ボールを使い梱包する
	梱包がすべて完了した事を確認し、出荷場の置き場に移動する
スクラップ処理	工場内でアルミを切断した後にでてくるスクラップを処理する
	置き場がいっぱいになったら、天井クレーン、フォークリフトを運転し搬出作業をする
	工場北側のスクラップ置き場に置く
	引き取りにきた際にフォークリフトにて積み込みを行う
アルミ用パレット整理	天井クレーン、フォークリフトを運転し材料パレットを動かす
アルミ定尺棚卸	毎月末に材料の棚卸しを行う
	管理課から棚卸し表を受け取り、アルミ材の本数を数えていく
	すべて数え終わったら、集計、まとめ作業を行い、管理課に提出する
板物材料の棚卸	毎月末に材料の棚卸しを行う
	管理課から棚卸し表を受け取り、板物の枚数を数えていく
	すべて数え終わったら、集計、まとめを行い、管理課に渡す
梱包準備	OPPテープとストレッチフィルムを梱包台に準備しておく。（なくなった時に在庫置き場から補充する）
	ミラマットをカットしておく（なくなる前に在庫置き場から持ってきてカットして準備しておく）
	製品製作者から、梱包明細・チェックリスト・製作依頼書を受け取る
	製作依頼書を製品置きパレットに貼り、置き場所を確認する
	梱包明細とチェックリストを見て材料の確認をする
梱包製品の確認	梱包する製品名、部材名、部材形状を確認する（パーツカタログ）
	梱包明細に記入してある部材名と実際の部材が同じものであるのを確認する（パーツカタログ）
アルミ材加工後の検品	製品製作者から回ってきた部材を、梱包明細とチェックリストで確認する
	メジャーを使って部材寸法を測る
	部材の本数確認をする
	部材にキズがないか、加工漏れがないかを確認する
	キズがあった場合、製作者に報告し、確認してもらい、修正してもらう

梱包(汚れ落とし)	部材の泥汚れをブラシで落とす
	エアーで汚れや切粉を飛ばす
	部材の汚れを水拭きする
	部材の罫書残し、水拭きで落ちない汚れをシンナーを使い拭きとる
	すべての汚れが落ちたか確認する
梱包(養生作業)	部材ごとに養生シート、スーパーシート、ビード等の材料を取り付けするか確認する
	部材に養生シート、スーパーシート、ビード等の材料を取付する位置を確認する
	各部材に各材料を取り付けしている事を確認する
	部材を複数本一緒に梱包する場合は、製品同士当たってキズが入らないように間にミラマットを挟む
	ストレッチフィルムで巻いて部材を固定する
梱包(段ボール巻作業)	各部材の梱包に適した段ボールを選定する(定型のもの)
	製品によってはエアーキャップで巻いてキズがつかないように梱包する
	パネル材の梱包時、上下はキズが付かないように段ボールで保護する
	梱包明細を見ながらダンボールに商品名・色のゴム印を押し、部材名・寸法を正面、受注番号を両側面と正面に書く
	梱包明細に梱包者印を押し、梱包明細をダンボールに貼り、チェックリストにチェックする
	全部の部材の梱包が終わったらチェックリストの梱包者欄にデータ印を押し、製作者に渡す
素材梱包(アルミ)	素材出荷分の製作依頼書が管理課からファックスで流れてくる物を受け取る
	製作依頼書の内容を確認する(出荷日、運送会社、商品名、色、本数、部品)
	部材払い出し担当者から素材部材を受け取る
	制作依頼書と実際の部材が一緒である事を確認し、受注製品の梱包作業と同じ要領で作業し、梱包する
	全部の部材の梱包が終わったら製作依頼書に梱包数や重量を書き、梱包した段ボールに製作依頼書を貼る
素材付属品準備	素材出荷分の制作依頼書に部品付きと記載があれば、部品類も用意する
	素材出荷に付属する部品類をきちんと確認する
	制作依頼書に記載されていない部品については、パーツカタログか員数表で調べる
管理課へ要求	ダンボールを確認し、減ってきたダンボールの数量を用紙に記入し、管理課へ発注要求する
	冬季使用するストーブ用の灯油を管理課へ発注要求する
段ボール、波板棚卸	梱包用の段ボールの種類を確認する
	ダンボールや梱包資材の棚卸を月次で行う
	波板の棚卸は不定期で行う(在庫数が変更した場合などに行う)

Ⅱ　職務評価の実務　109

図表2-16

職務記述書（部材管理B）

単位業務名	職務行動内容
工程計画	制作開始可能日を確認後、アルミ材払出しが何時ごろ必要か段取りを組む
	制作開始可能日を確認後、板物の出荷がある場合、板物カット作業を行う段取りを組む
工場内アルミ残材確認	必要寸法、定尺寸法、残材寸法を見比べ、ロスの少ない払い出し材料を判断する
アルミ材払い出し作業	材料を台車に乗せていく順番を材料を見て判断する
	物件を担当する制作人に使用する材料の取り方等を説明する
アルミ材の荷受け作業	フォークリフトを運転し、乗っている荷の積み具合で状態、荷の中心を判断し抜き取る
	材料が乗ったパレットを仮置き場に置く
	フォークリフトを運転し、返却用の空パレットの中心を判断し吊り作業、トラックに積む
板物の荷受け作業	天井クレーンを運転し、乗っている荷の積み具合で状態、荷の中心を判断し、吊り上げる
	搬入してくる板物の枚数によって保管する為の置き場レイアウトを変え、置き場を確保する
	天井クレーンを運転し、返却用の空パレットの中心を判断し吊り作業、トラックに積む
板物の制作	板物材料の取り方を計算し、ロスが少ない取り方を考え提案、実行する
	斜めカットがある場合は、スケールを使ってノコ刃の厚み分を調整しながら刃が通る点のケガキ、角度の調整作業をする
	板物をカット場に乗せ、ケガキ点を刃が通る線に沿って斜めに置き角度を調整しながらカットする
	90度（直角に）カットした板物の縦横寸法を測り、物件図面との確認をする
	斜めにカットした板物の端と端を測り、角度、寸法があっているか確認する
	板物制作時間において、制作時間、行程等の短縮に繋がる提案を立案し、実行、報告する
板物梱包	運送便、枚数、寸法を確認し、段ボールが使用できないと判断した場合、巻き段を使い、巻き梱包に切り替える
	現場での施工時に施工しやすいように板物の配置、サイズ等を図面を見ながら一緒に梱包する物を選定し、梱包していく
スクラップ処理	スクラップ置き場の状況を見て、入れ替え時期を見極め、入れ替えをする
	管理課にスクラップの引き取りを依頼し、引き取りがくるまで、他事業部に確認をとり、置き場を確保する
アルミ用パレット整理	納品される材料のパレット数を予測し、材料が少なくなった物や空になったパレットを抜き、入れ替え案を立案、実行する
	パレットを上に段積みしていて危険度が増す為、改善案を立案、実行、結果を報告する
	アルミストックを定尺の長さ事に固めて、見やすく、取りやすいよう工夫し、管理しやすい環境を提案、実行する
	棚卸し時の効率を考え、同じ物をまとめておく
アルミ定尺材棚卸	アルミ定尺材料の棚卸結果、使用状況を見て、定尺寸法の変更の変更案を立案。上司に報告する
梱包準備	その日の制作物件の内容、制作工程を製作者と打合せする
製品検品(目視)	キズがあった場合、自分で修正できる物は自分で修正する
	製作者の加工漏れを発見する
	検品に不備があった場合、製作者に戻し、直してもらったら不備があった場所から再検品する
梱包(汚れ落とし)	部材の隙間に入っている泥を落とす用のブラシを考案する
	部材に焼き付いていて、シンナーでも取れない汚れは、部材をキズつけないように削ぎ取る
梱包(段ボール巻作業)	決まった段ボールがない場合、自分で適正なサイズの段ボールを判断し、部材に合う形になるように折り目を付け形を作る
	梱包時間短縮に繋がる梱包方法の立案をし、実行、検証し、上司へ報告する
素材梱包(アルミ)	制作依頼書の内容に疑問点があった場合、管理課に確認を取る。訂正がある場合は制作依頼書の再作成を要求する
	制作依頼書と実際の部材が間違っていたり、キズがあった場合は部材払い出し担当者に報告し、出し直しを要求する
管理課へ要求	空デ事業部にもEXから段ボールを分ける為、事前に空デ事業部に確認し、使用する段ボールは多めに発注する
コスト削減	段ボールは端材がある場合はそれから使用する
	運送便によっては、個数での配送料になる為、決められた重量・全長内で梱包数をなるべく減らす
	梱包に使用するコストの削減になる案を立案、検証し、上司に報告する

110　第2章　職務分析・職務評価の実務

図表 2-17

職務評価シート

職 務 名： 技能職A

要件項目	評価	ウェイト	評点	評価要件定義
基 礎 知 識	3	×20	60	職務を遂行するに必要な基礎的な素養または専門的、学理的知識をいう。
習熟（技能）	2	×40	80	職務を遂行するに必要な実務知識ならびに熟練をいう。
判 断 力	2	×20	40	職務の複雑、困難に対する判定の程度をいう。
ストレス耐性	2	×10	20	職務遂行に伴う五感を通じての精神的疲労をいう。
肉 体 的 負 荷	3	×20	60	職務遂行に伴う肉体的疲労をいう。
作 業 環 境	3	×10	30	作業場所の環境条件が作業者に与える不快感をいう。
災 害 危 険 度	2	×10	20	職務を遂行するに際して、安全作業を普通に行っても、なお起こる不可抗力の災害危険度の程度をいう。
業 務 責 任	2	×70	140	職務を遂行するに際し、その作業、設備の管理および指導監督に対する期待の程度をいう。
		合　計	450	

職 務 名： 技能職B

要件項目	評価	ウェイト	評点	評価要件定義
基 礎 知 識	4	×20	80	職務を遂行するに必要な基礎的な素養または専門的、学理的知識をいう。
習熟（技能）	3	×40	120	職務を遂行するに必要な実務知識ならびに熟練をいう。
判 断 力	3	×20	60	職務の複雑、困難に対する判定の程度をいう。
ストレス耐性	3	×10	30	職務遂行に伴う五感を通じての精神的疲労をいう。
肉 体 的 負 荷	4	×20	80	職務遂行に伴う肉体的疲労をいう。
作 業 環 境	4	×10	40	作業場所の環境条件が作業者に与える不快感をいう。
災 害 危 険 度	3	×10	30	職務を遂行するに際して、安全作業を普通に行っても、なお起こる不可抗力の災害危険度の程度をいう。
業 務 責 任	3	×70	210	職務を遂行するに際し、その作業、設備の管理および指導監督に対する期待の程度をいう。
		合　計	650	

職 務 名： 技能職C

要件項目	評価	ウェイト	評点	評価要件定義
基 礎 知 識	4	×20	80	職務を遂行するに必要な基礎的な素養または専門的、学理的知識をいう。
習熟（技能）	4	×40	160	職務を遂行するに必要な実務知識ならびに熟練をいう。
判 断 力	4	×20	80	職務の複雑、困難に対する判定の程度をいう。
ストレス耐性	4	×10	40	職務遂行に伴う五感を通じての精神的疲労をいう。
肉 体 的 負 荷	4	×20	80	職務遂行に伴う肉体的疲労をいう。
作 業 環 境	4	×10	40	作業場所の環境条件が作業者に与える不快感をいう。
災 害 危 険 度	3	×10	30	職務を遂行するに際して、安全作業を普通に行っても、なお起こる不可抗力の災害危険度の程度をいう。
業 務 責 任	4	×70	280	職務を遂行するに際し、その作業、設備の管理および指導監督に対する期待の程度をいう。
		合　計	790	

Ⅱ　職務評価の実務　111

職務評価シート

職務名： 部材管理職A

要件項目	評価	ウェイト	評点	評価要件定義
基礎知識	2	×20	40	職務を遂行するに必要な基礎的な素養または専門的、学理的知識をいう。
習熟（技能）	2	×40	80	職務を遂行するに必要な実務知識ならびに熟練をいう。
判断力	2	×20	40	職務の複雑、困難に対する判定の程度をいう。
ストレス耐性	2	×10	20	職務遂行に伴う五感を通じての精神的疲労をいう。
肉体的負荷	2	×20	40	職務遂行に伴う肉体的疲労をいう。
作業環境	2	×10	20	作業場所の環境条件が作業者に与える不快感をいう。
災害危険度	1	×10	10	職務を遂行するに際して、安全作業を普通に行っても、なお起こる不可抗力の災害危険度の程度をいう。
業務責任	2	×70	140	職務を遂行するに際し、その作業、設備の管理および指導監督に対する期待の程度をいう。
合計			390	

職務名： 部材管理職B

要件項目	評価	ウェイト	評点	評価要件定義
基礎知識	3	×20	60	職務を遂行するに必要な基礎的な素養または専門的、学理的知識をいう。
習熟（技能）	3	×40	120	職務を遂行するに必要な実務知識ならびに熟練をいう。
判断力	3	×20	60	職務の複雑、困難に対する判定の程度をいう。
ストレス耐性	3	×10	30	職務遂行に伴う五感を通じての精神的疲労をいう。
肉体的負荷	3	×20	60	職務遂行に伴う肉体的疲労をいう。
作業環境	3	×10	30	作業場所の環境条件が作業者に与える不快感をいう。
災害危険度	2	×10	20	職務を遂行するに際して、安全作業を普通に行っても、なお起こる不可抗力の災害危険度の程度をいう。
業務責任	3	×70	210	職務を遂行するに際し、その作業、設備の管理および指導監督に対する期待の程度をいう。
合計			590	

	等級（グレード）
技能職A	4
技能職B	7
技能職C	8
部材管理職A	4
部材管理職B	6

☑ 職務評価の分析対象職務の範囲

　本書では、職務分析および職務評価について理解を深めるために、過去に実施されていた詳細な事例を中心に解説しています。しかし、現在の職務分析や職務評価は、課業、つまり要素作業をまとめた業務を対象としているものが非常に多くなっています。

　確かに詳細な職務分析は手間がかかりますが、課業だけでどこまで正確な職務評価ができるかは疑問です。

　例えば、図表2-18の課業一覧表には、部材管理A、B職の両方に「板物の制作」という課業があります。この課業は部材管理A、B職の両方が遂行することになっています。当然、部材管理A職にはこの課業を遂行してもらいますが、実際にはこの課業は1人で完遂することはできないものです。つまり、製品によっては、作業の難易度が高いために高度な知識や習熟度あるいは判断力が必要な場合や、下位等級者がある程度の作業をしたうえで上位等級者が追加加工を行って加工精度を高めてから完成させなければならない場合もあります。つまり、課業（名）だけでは仕事の難易度は判明せず、最低でもこの下位業務である単位作業を確認しなければ判断できません。なぜなら、単位作業を確認せずに、作業遂行に必要な資格要件を書き出すことはできないからです。特に、日本企業は複数の課業を担った多能工の場合が多く、課業レベルだけの簡単な職務分析では職務評価をすることは困難で、公正さを欠くことになります。

　これは製造部門に限った話ではありません。事務部門の伝票発行のような一見簡単に思えるような課業であっても、「彼はできると思って仕事を任せているのだが、よく間違っているんだよな」という話をしばしば聞きます。課業にはこれを構成する作業があり（現場にはさらに動作があり）、作業ごとに求められる知識や判断力が異なる場合には、課業そのものを完遂させることはできないのです。

　職能資格制度の考え方によると、「当該従業員の能力が不足しているに

Ⅱ　職務評価の実務　　113

図表 2-18 課業一覧表

部材管理A職	部材管理B職
アルミ材荷受け作業	工程計画
板物の荷受け作業	工場内アルミ残材確認
板物の制作	アルミ材払い出し作業
板物梱包	アルミ材の荷受け作業
スクラップ処理	板物の荷受け作業
アルミ用パレット整理	板物の制作
アルミ定尺棚卸	板物梱包
板物材料の棚卸	スクラップ処理
梱包準備	アルミ用パレット整理
梱包製品の確認	アルミ定尺材棚卸
アルミ材加工後の検品	梱包準備
梱包(汚れ落とし)	製品検品(目視)
梱包(養生作業)	梱包(汚れ落とし)
梱包(段ボール巻作業)	梱包(段ボール巻作業)
素材梱包(アルミ)	素材梱包(アルミ)
素材付属品準備	管理課へ要求
管理課へ要求	コスト削減
段ボール、波板棚卸	

▢ ： 重複課業

　もかかわらず、できるだろうという誤った判断によって当該従業員の能力レベルにあっていない作業が含まれた課業を与えている」という解釈になるでしょう。しかし、このことによって、職務分析の中に「誰ならば〜」「彼だから〜」などという属人的な要因が混入するということではありません。

　従業員に仕事を配分する際には、まず、「この仕事の難易度はどの程度であるか」を判断したうえで、「どの職務がこれを担うか」という考えでなければ職務に基づく組織管理、業務管理にならないのです。

　つまり、職務分析や職務評価の対象を課業だけにすることは、その課業

114　第2章　職務分析・職務評価の実務

の要所を見落とし、公正な評価ができないことにつながる恐れがあります。また、第4章で説明しますが、職務分析結果を業務改善に活かさず人事管理のためだけに活用し、今抱えている課題を何ら解決しないまま現状の仕事を洗い出しただけでは、せっかくの職務分析が、将来に向けた経営に活かせない面倒な手続きとなるだけです。

　これが、「職務分析や職務評価をしたところで何も変わらない」という批判につながるのですが、「人事管理を何のためにするのか」という目的を明確に理解した方であるなら、職務分析や職務評価の限界があるにしても、その対象範囲は自ずと見えてくるはずです。

　つまり、職務評価の公正さを保つためには、課業だけで評価をするのではなく、下位要素の作業の全手順を洗い出さないまでも、課業の要所である作業を洗い出すという最小限の努力が求められるのです。

☑ 職務等級区分（グレード）への格付けの記録

　職務が分類（職務等級格付け）されたのち、この分類を示した記録が必要です。これは人事部門だけでなく、各部門の管理監督者が、自身の属する部門の職務に関する格付けはもちろん、会社全体での職務の位置づけを確認するためです。一般的には、次のように部門、職務等級、職種、職務番号（職務名）を記録します。

☑ 従業員の格付け

　格付けとは、従業員が現在遂行している職務に基づき従業員の職務および等級を決定することを指します。これは各従業員が遂行している仕事を決定し、従業員の職務に職名をつけることを含みます。

　手順としては、各従業員から得られた資料と職務記述書とを比べ、最もその仕事に適合した職務を探し、格付けをします。

　この際、職務分析によって職務が再設計されているなど、職務内容が明

Ⅱ　職務評価の実務　　115

図表2-19

職級等級1	財務部			
		職	種	職務番号
	人事部			
		職	種	職務番号
	営業部			
		職	種	職務番号
	開発部			
		職	種	職務番号
	生産部			
		職	種	職務番号
職級等級2	財務部			
		職	種	職務番号
	人事部			
		職	種	職務番号
	営業部			
		職	種	職務番号
	開発部			
		職	種	職務番号
	生産部			
		職	種	職務番号
職級等級3（略）				

確になっている場合は混乱が起きません。しかし実際は、職務分析の際の資料不備も含め、同じ職名で異なったレベルの職務を遂行している従業員はどうしても存在しています。この場合は、レベルの違いが判断できるような用語や番号（初級・中級・上級やⅠ・Ⅱ・Ⅲなど）を使用して、別々の職務記述書を作成し、分類しなければなりません。

　また、2つ以上の職務を遂行している従業員も多くいます。これは、1つの職務を1人の従業員が常時遂行することになっていない場合に起こります。常時遂行するのであれば、多能工として職務統合することも考えられますが、一般的には、当該従業員が労働時間の大部分を費やしている職務によって格付けします。もしくは、一番高い等級の職務に格付けすることも考えられます。

　いずれにしても、従業員の格付けにおいて一貫性と統一性がなければ、従業員からの不満となり、運用ができなくなる恐れがあります。格付け委員会および管理者が格付けに関して従業員からの圧力に屈し高めの格付け

116　第2章　職務分析・職務評価の実務

を行うなど、不当な格付けが実施されないよう十分な注意が必要です。

☑ 職務等級数および区分の設定

　等級制度は人事管理の基軸となる枠組みを示すもので、職務等級制度は、その名の通り、職務の価値で序列化し、区分（グルーピング）する制度ということになります。この等級制度によって数多くの職務を定められたグループ（等級）にまとめることができ、企業としては人事賃金管理が容易となります。

　等級数については企業の管理能力に合わせて自由に設定します。しかし、管理能力が乏しいにもかかわらずあまりに多くの等級数を設定すると、管理できず運用に支障が出るので注意が必要です。

　職務等級数は企業によって様々ですが、一般的に多くなる傾向にあります。職位分類制度であった時代は、数百段階あったこともありましたが、現在では多い企業で30〜50等級となっています。

　なお、1980年代後半からアメリカ企業で実行された「リエンジニアリング」よって、顧客視点から最適なビジネスプロセスが再構築され、これまで分断していた機能が統廃合されました。その中で、職務も統廃合され、ホワイトカラーの職務等級数が圧縮されました。これをブロードバンディングといいます。

　しかし、このブロードバンディングには、職務内容の大幅な変更がない限り職務評価を実施しなくても済むというメリットはあるものの、既に述べたように同一等級（バンド）に職務価値の異なる多数の職務が並存すること（例えば点数法であれば、1つの等級に含まれる職務の評価点数の幅が大きくなる）で従業員に対する納得性が弱まり、内部公正性が低下するというデメリットもあり、あまり普及していません。

　なお、現業職や事務職については、一般的に10〜15級程度となっています。また、生産労働の直接部門は単一職務給で、間接部門は範囲職務給とするのが一般的です。

Ⅱ　職務評価の実務　117

図表 2-20 ブロードバンディング

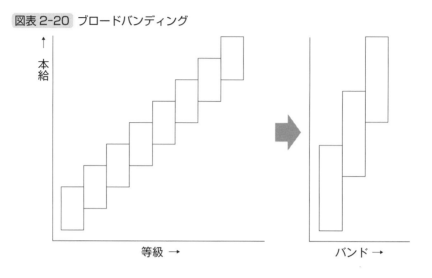

☑ 市場価格法（market pricing）の理解

　近年、アメリカでは賃金決定に伝統的な職務分析を活用せず、市場の賃率を用いる市場価格法が主流になっているようです。これだけを取り上げて、「職務分析をしなくても良い」と安易に考えるのは大きな間違いです。それだけ職務分析が過去より実施され、基準職務の内容が汎用化されていると理解すべきです。

　また、点数法の手続きの煩わしさ、時間やコストがかかるという短所から、この市場評価法や分類法が増加しています。

　市場価格法は、労働市場での賃金水準を基準として職務評価を行う手法です。これを採用することで外的公正の原則を通じて、企業内における内的公正の原則を実現することになります。つまり、社内に存在する職務の世間相場賃金を調査して、世間相場賃金の高低によって職務価値を評価し、序列を決定するということになります。

　なお、アメリカでは職務評価を導入する際に、関連ある外部の賃金率についての情報を集める一手段として、地域での賃金調査が推奨されていま

す。一方ＥＵでは、地域単位で産業別賃金協定を交渉する慣行が基礎にあり、賃金調査はあまり重視されていないようです。

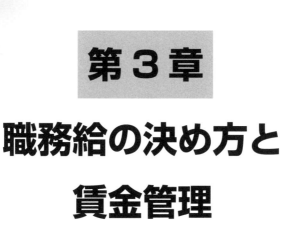

第3章

職務給の決め方と賃金管理

Ⅰ 職務給体系の理解

☑ 職務給を基礎とする賃金体系とは

　職務給は、職務の性質および価値で賃金を決める賃金制度であり、同一労働同一賃金の意味を持つものです。したがって、同じ職務（仕事）であるかどうかの分析とその価値づけのために、これまで述べてきた職務分析と職務評価を実施します。なお、能力を基準とする制度とは異なり、上位職務に昇進しない限り昇給はありません。

　このような職務給を基礎とする賃金体系（以下、職務給体系）について解説していきます。

(1)　職務給体系における諸手当の扱い

　そもそも、配偶者手当・子供手当・住宅手当・地域手当などが支給されているドイツは例外として（ドイツは社会福祉政策としても住宅手当や児童手当が充実している）、欧米では基本的にはこういった手当は支給されず、職務給（本給）のみの支給が一般的です。したがって、日本特有の「賃金体系」という用語は存在しません。

　同一労働同一賃金ガイドラインによる手当の個別判断において、今後は職務関連の手当以外は雇用形態に関係なくほぼ支給する方向になってくることから、手当の本給への統合あるいは手当の廃止が一層進むものと考えられます。

　日本では企業が各種手当を福利厚生として提供してきた歴史が長く、民間企業の社会福祉的な貢献が大きかったといえます。また、このような手当は、労働の対価でないうえに、その制度化も法的な拘束力がないことで企業間格差が大きくなっているなど、職務が同じであってもこれを埋める

122　第３章　職務給の決め方と賃金管理

仕組みはありません。つまり、正規雇用と非正規雇用の格差が是正されたとしても、大企業と中小企業、正社員同士の間にある職務価値に無関係な格差は、厳然として存在することになります。

(2) 職務給体系における本給の扱い

　日本の賃金体系では、基準内賃金は、属人給である年齢給（あるいは基礎給）、勤続給と職能給で決まる本給、そして職務関連手当と生活関連手当で決まっています。

　職種間でのジョブ・ローテーションを当たり前に実施している日本の本給は、職能給で設計されるため、各種手当で格差をつけることになります。例えば、職種あるいは職務内容の違いについては役職手当、危険な作業など特定の作業については職務関連手当、業績貢献度については業績給（手当）といった具合です。

　なお、年齢給は、従業員の年齢に応じて支給され、その目的は扶養家族数を考慮した最低生活の保障にありました。もっとも、家族手当が支給される場合は、本人に対する保障に限定するものとされています。また、もともとは戦後の経済混乱に伴うインフレーションに対処するためのものだったため、初任給を含む賃金水準の上昇によって十分な生計費が確保されている現状を考えれば、職務内容や貢献度に関係なく年齢差によって発生する賃金格差は、若年労働者の不平につながる以前に、基本的には年齢差別要素でもあることから、今後は廃止される方向にあります。

　実際、ドイツにおいて協約賃金（能率給）は最低賃金となっており、ここから成果に応じ付加給が支給されます。そのことを考えれば、既に最低生計費が保障された初任給の額であるならば、年齢給は不要であり、職務給のみでの設計が可能となります。

　次に勤続給ですが、これについては①職務に対する習熟度や②企業に対する功労報償の意味がありますが、後者の場合は職務とは関係ないため、賃金を職務基準とする場合は不合理となります。また、前者の場合も、職務基準の賃金では本給（職務給）に統合されることになります。

Ⅰ　職務給体系の理解　123

Ⅱ 賃金設計の手順

☑ 相対賃金率の決定

　職務分析、職務評価後は、これらの職務の構造を、賃金率の構造に置き直していきます。

　欧米の場合は、社会的公正（企業内の少なくとも一定の賃金率と外部の賃金率との間における適当な関連性）が強く問われるところですが、日本では主に企業内における相対性となります。

　しかし今後は、同一労働同一賃金が進む過程において、合理的な賃金構造への流れが強まると考えられます。合理的な賃金構造とするための要件は以下のようになります。

①賃金率は、これに相当する職務に対して他の使用者が支払っている
　賃金率と妥当な関係にあること
②企業内の賃金率は、職務相互間で納得できる関係にあること

　なお、職務評価における点数法において、職務の構造を賃金構想に置き換えるには、一定の最低賃金率のうえに、各職務に割り振られた点数値に基づいて決定された賃金量を付け加えます。横軸に評価点数を、縦軸にそれに対応する賃金率にしたグラフにすれば、個々の職務の点数を結び合わせた賃金線は上向きの線になります。なお、賃金線には直線式、曲線式、そして段階式があり、正しい賃金線などというものはありません。最終的には労使合意によって決まります。

　この漸増する賃金率は、職務の困難度が大きくなるにつれ、その仕事を遂行するためには高い能力または意志が要求されることを表しています。また、従業員がより高い資格を獲得して昇進しようとする意欲を一層刺激

124　第3章　職務給の決め方と賃金管理

することになります。

☑ 賃金設計の具体的手順

　ここからは賃金設計の手順を具体的に解説していきます。なお、賃金を設計するには、職務等級制度規程によって、職種別に標準者の昇級モデル年齢が設定され、職務記述書の内容に基づき従業員が正しく格付けされていることが前提です。

図表 3-1　賃金設計の手順

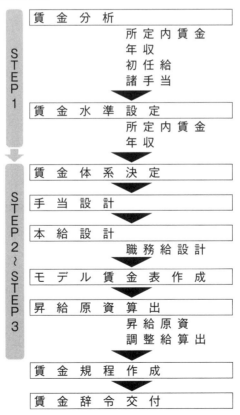

Ⅱ　賃金設計の手順　125

> **STEP 1**　プロット図を作成し、賃金分析を行う

　プロット図は次のような項目および属性で作成します。職務給導入においては、特に、職群別（営業職群、生産職群、開発職群、企画職群、事務職群など）、職掌別（管理職、監督職、基幹職、非基幹職）にプロット図を作成しておくと、賃金水準の設定作業などにおいて整理が楽になります。

　縦軸：基本給、所定内給与、年収
　横軸：年齢、役職、資格等級など
　属性：採用形態（新卒／中途）、性別、所属部門（職種）、（資格）等
　　　　級、役職、地域など

　このプロット図に、採用形態（中途、新卒）や性別などの属性を持たせれば、より詳細に分析することができ、自社の賃金制度がこれまでどう運用されてきたのかがわかります。また、年齢や勤続年数、等級間や等級内

図表 3-2　賃金プロット図

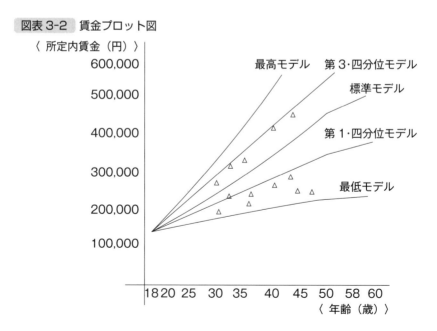

での格差を把握することもできます。

　プロット図に、業界水準や地域の同業種・同規模賃金水準を入れることで、自社の賃金水準や傾向を分析することもできます。業界水準、世間水準については、公表されている統計調査の標準者賃金を活用し、その最高位数、第3四分位数、中位数、第1四分位数、最低位数をそれぞれ年齢プロットし、それぞれを線で結び比較できるようにします。

　ただし、統計データは数値のバラツキが大きいため、分散の程度を考えて平均値か中位数のいずれを活用するか決める必要があり、注意が必要です。そして、労働統計の数値のバラツキは、現実の企業内部の幅よりずっと大きく、地域差、企業規模差、業種差などがあるため、中位数を基準とする方が妥当といえます。

　また、統計調査の標準者賃金と比較する際、中小企業では一般的に新卒採用者が少ないため、経営者の意向によって新卒採用された従業員（いわゆるプロパー社員）が標準（モデル）者となっていることが多く見受けられます。この点を確認したうえで、実在者モデル賃金として統計データと比較することをお薦めします。なお、統計データの標準者賃金はモデル賃金であり、実在者の賃金と比べると高く出ることから、単純に比較することには注意が必要です。

　自社の年収水準を世間の年収水準と比較するため、各種統計資料の所定内賃金の12カ月分に統計資料上の賞与を加え算出します。

　管理職については、賃金構造基本統計調査（厚生労働省）、職種別民間給与実態調査（人事院）、定期賃金調査（日本経済団体連合会・東京経営者協会）など学歴別、年齢階級別、規模別の調査資料があるのでこれらとの比較をします。

　また、下位等級者の年収は、時間外手当を含んだ額とそうでない額の2種類で比較します。下位等級者は時間外手当額が大きい場合が多く、管理職年収との逆転が生じていないかどうかを確認します。

Ⅱ　賃金設計の手順　127

| STEP 2 | 賃金体系と標準者モデル賃金を決定する

　賃金体系を決定する際には、手当の統廃合も含め賃金体系を検討します。

　標準者モデル賃金は、前述の通り、プロット図を見ながら業界水準あるいは世間（地域）水準と比較しつつ、自社の経営力（人件費支払い能力）に見合う所定内標準者モデル賃金、各種手当金額、基本給標準者モデル賃金を設定します。まさに賃金政策の決定です。

| STEP 3 | 職務給の設計

　本給である職務給の設計方法は、2通りあります。今後の経営計画、賃金原資および世間水準から賃金を検討することは同じですが、1つは、最高額、最低額の設定から中位額を決めていく方法【設計方法Ⅰ】、もう1つは、標準者モデル年齢から決めていく方法【設計方法Ⅱ】です。

【設計方法Ⅰ】

| 手順1 | 個人別に新たに決められた各種手当基準に基づき手当を算出する
| 手順2 | 個人別に所定内賃金から | STEP 1 | で算出された各種手当額を引き、新本給を算出する
| 手順3 | 職種別、職務等級別にプロット（横軸：職務等級および年齢、縦軸：新本給）する

　各職務等級の最高、最低賃金をプロット図にし、統計データとの比較、分析を実施し、自社の最高、最低額を決定します。

128　第3章　職務給の決め方と賃金管理

図表 3-3 最低・最高賃金カーブの比較

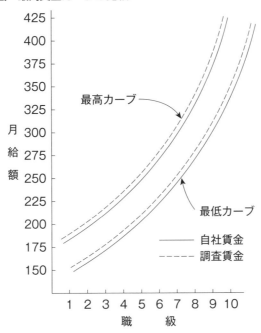

図表 3-4 管理職群　経営企画職　職務給分析表　　　　（単位：千円）

	中位額	最高額	最低額	平均額
MP1	604.5	649	560	641
MP2	534.5	567	502	532
MP3	455.0	499	411	450

手順4　各職務等級の平均額を算出し、これを各等級の基準額に設定し、縦（上限額・下限額）・横（等級格差）に展開する

　ここでは、中位額をそのまま基準額として活用することは難しく、実際にはプロット図に基づき、シミュレーションをしながら微調整を行い、各等級の基準額の設定をします。

　シングル・レート（単一型賃金）の場合、基準額が各職務等級の職務給となります。

　職務給を範囲給とする場合、その範囲には開差型、接続型、重複型があります。どの型を採用するかについては、実在者プロットを踏まえて決定します。ただ、重複した部分が多くなると、等級が上がることに魅力がなくなってしまいます。

図表3-5　範囲給の型

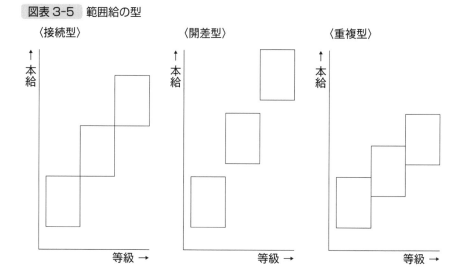

【設計方法Ⅱ】

　標準者のモデル年齢を活用した職務給の設計には、職群別、職掌別に、モデル年齢および目標職務給(各職務等級別職務給の基準額)が必要です。

　この目標職務給の算出については、【設計方法Ⅰ】のようにプロット図から基準額を設定する方法と、モデル年齢つまり各職務等級別の標準滞留年数を活用し、職務給を設計する方法があります。ここで説明する【設計方法Ⅱ】は後者にあたります。

| 手順1 |から| 手順3 |は【設計方法Ⅰ】と同じ
| 手順4 |　職群別（営業職群、生産職群、開発職群、企画職群、事務職群など）、職掌別（管理職、監督職、基幹職、非基幹職）に区分し、それぞれの最上位等級の目標職務給（基準額）を算出する。

図表3-6　企画職群　管理職モデル

職務等級	モデル年齢	目標所定[※1]内賃金	手当合計	職務給[※2]基準額
MP1	50	650,000	20,000	630,000
MP2	45	550,000	25,000	525,000
MP3	40	450,000	25,000	425,000

※1　目標所定内賃金は、賃金分析を行ったのち、賃金政策に基づき決められた標準者賃金をいう

※2　職務給基準額は、目標所定内賃金から該当等級標準者に支給される手当の合計額を除して算出された、当該等級の職務給下限額をいう

Ⅱ　賃金設計の手順　131

図表 3-7　企画職群　監督職モデル

職務等級	モデル年齢	目標所定内賃金	手当合計	職務給基準額
PL1	35	350,000	25,000	325,000
PL2	30	290,000	15,000	275,000

図表 3-8　企画職群　基幹職

職務等級	モデル年齢	目標所定内賃金	手当合計	職務給基準額	最上位等級目標職務給
P1	35	320,000	25,000	295,000	315,000
P2	30	275,000	15,000	260,000	
P3	26	225,000	0	225,000	
P4	22	200,000	0	200,000	

図表 3-9　企画職群モデル賃金水準　基幹職・監督職

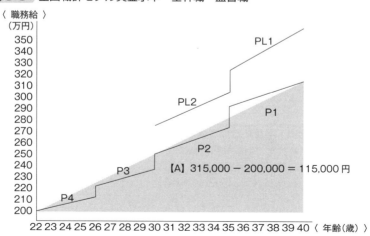

132　第 3 章　職務給の決め方と賃金管理

職務給設計原資総額【A】
　＝［職群別最上位等級の目標職務給］－［初任職務給］

　まず、基幹職掌の賃金水準から最上位等級（ここでは企画職務 P1 級、
40 歳）の目標職務給を算出します。
【A】＝ 315,000 円（P1 級目標職務給）－ 200,000 円（P4 級基準額）
　　　＝ 115,000 円

手順5　等級間格差をつけるために、【A】を等級格差部分原資【B】と職務給範囲形成部分原資【C】に分ける

　職務給範囲形成部分原資とは、職務給の型（ペイスケール）を形成する
ための原資、あるいはレンジ・レートの場合の定昇部分の原資であり、等
級格差部分原資とは、等級間で賃金格差を作るための原資をいいます。

　職務給設計原資総額【A】を、等級格差部分原資【B】と職務給範囲形
成部分原資【C】にどのような割合で分けるかは、政策的決定となりま
す。職務給範囲形成部分原資【C】を少なく、等級格差による昇級昇給を
多くするのが一般的で、これにより上位等級（職務）に上がるメリット
（刺激性）が大きくなります。

　例えば、P1 級に昇級する際に 20,000 円、P2 級に昇級する際に 15,000
円、P3 級に昇級する際に 10,000 円つけた場合、【B】は合計 45,000 円とな
り、【C】は、115,000 円【A】－ 45,000 円【B】＝ 70,000 円となります。

　しかし、大卒者が特に優位とならないような職務の場合、高卒者と同じ
職務等級となることから、初任給の学歴による格差をカバーできるよう当
該等級の職務給の範囲（上限額と下限額との差）を大きくする必要があり
ます。

手順6　各等級の1年あたり職務給範囲形成原資を算出する

　職務給範囲形成部分原資【C】は、70,000 円と算出されているので、こ
れを 18 年（40 歳－ 22 歳）で割ると1年あたり平均原資が出ます。

II　賃金設計の手順　　133

1年あたり平均原資【D】 = 70,000 円 ÷ 18 年 = 3,900 円（十円以下を四捨五入し、3,900 円 とします。）

算出された【D】は 22 歳から 40 歳の中間にあたる 31 歳の原資となり、これは同時に 31 歳の該当する P2 級の職務給範囲形成部分平均原資ということになります。

次は、この【D】を中心に P4 級から P1 級に展開します。ここでは、10％展開することにします。

P4 級は、3,900 円 × 0.8 = 3,120 円

P3 級は、3,900 円 × 0.9 = 3,510 円

P2 級は、3,900 円 × 1.1 = 4,290 円

P1 級は、3,900 円 × 1.2 = 4,680 円

手順7　各職務等級の基準額（下限額）を設定する

賃金水準より各等級の目標職務給は既に設定され、これを各等級の基準額（下限額）としてもいいのですが、手順6 で算出した各等級職務給範囲形成原資を利用し、基準額を設定することもできます。

P4 級の基準額は、大卒初任給職務給から必然的に決まってきます。

P3 級の基準額は、

200,000 円 +（3,120 円 × 4 年）+ 10,000 円 = 222,480 円

P2 級の基準額は、

222,480 円 +（3,510 円 × 4 年）+ 15,000 円 = 251,520 円

P1 級の基準額は、

251,520 円 +（4,290 円 × 5 年）+ 20,000 円 = 292,970 円

これらの基準額は、ほぼあらかじめ賃金水準から求められていた各等級目標職務給となります。

| 手順8 | 手順7 までの作業を繰り返し、全職務等級の基準額を設定する |

手順8　手順7までの作業を繰り返し、全職務等級の基準額を設定する

手順9　各職務等級の上限額を決定する

(a)　標準滞留年数の 2〜3 倍を上限額として設定する場合

　例えば、P4 級の上限額は、

基準額の 200,000 円 + 3,120 円 $\boxed{\times\ 8\ 年}$ = 224,960 円

　8 年は P4 級の標準滞留年数 4 年の 2 倍を意味します。以下、P3 級の上限は、222,480 円 + 3,510 円 $\boxed{\times\ 8\ 年}$ = 250,560 円と、各等級の上限額を同じ要領で算出します。

(b)　重複型での上限額を設定する場合（ここでは 2 分の 1 重複型で説明）

　まず、最上位等級（P1）の上限額を上記（a）の方法で設定します。

　P1 級上限額は、292,970 円 + （4,680 円× 5 年× 2） = 339,770 円

　次に、最上位等級の下限（基準額）の 292,970 円と上限額 339,770 円の中間額を算出します。

292,970 円 + （339,770 円 − 292,970 円）÷ 2 = $\boxed{316{,}370\ 円}$

　この 316,370 円が、下位等級（P4 級）の上限額となります。P3 級以下の上限額についても、同じ要領で上位等級の範囲の中間額を求め設定していきます。

　なお、非基幹職群（生産職群、事務職群）においては、習熟曲線（第 1 章 I 節 P.22〜23 参照）から判断すると、レンジの幅の上限計算年数は、創造的業務・非定型・判断業務を遂行する基幹職群ほど必要なく、標準滞留年数が妥当と判断されます。

　また、シングル・レートの職務給にする場合、基準額の算出のみとなるので、会社側の運用としては維持しやすいという長所はありますが、1 つの賃金率のため熟練度の異なる従業員が含まれることになることから、実

Ⅱ　賃金設計の手順　135

際には先任の従業員の不満を招くことになるなど、従業員間の個人差の問題を賃金上解消できないという短所があります。

手順 10 職務給表の作成

職務給の範囲が設定できれば、この範囲で職務給表を作成することができます。

III 職務給の運用

☑ 昇給管理・昇進管理

　会社が従業員に与える昇給には、査定による昇給、習熟による昇給、昇進による昇給があります。

　各職級のレンジを活用し、以下の昇給パターンなどが設計できます。

　パターンⅠは、上限まで人事考課結果を踏まえ査定昇給する方法です。

　パターンⅡは、レンジの中央値で熟練者と未熟練者に分け、未熟練者についてはある年数まで（2年程度）習熟（勤続）昇給を与え、そこに査定昇給を行い、標準者（安定的に標準実績比率＝1を達成）になって以降は査定昇給のみを支給する方法です。

　パターンⅢは、レンジ下限額（基準額）は最低賃金として支給し、上限

図表 3-10　昇給のパターン

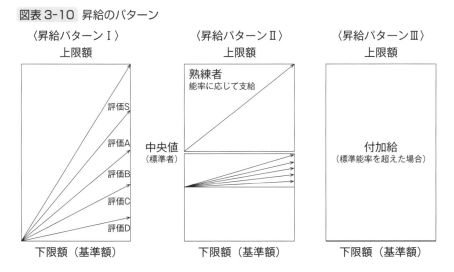

III　職務給の運用　137

までは査定昇給（奨励給）として標準実績比率（能率達成度）で支給する方法です。

　また、上記3通りのパターンではなく、習熟（勤続）昇給ではなく、単なる一定期間の勤続による自動昇給も加えた組み合わせによる昇給パターンも設計できます。

　なお、アメリカのブルーカラーの賃金は、職種別、技能別シングル・レートで、査定昇給が無いことが基本です。ただし、職務給に技能給が付加されて昇級する場合、また技能グレードに応じて昇給がある場合、そしてパフォーマンス（業績）評価結果を反映した査定昇給が行われる場合もあります。この背景には、労働組合が（恣意的）評価に対する徹底抗戦を行い、シングル・レートと先任権との結合によって、ほとんどの査定を排除したことがあります。

　1980年代には、アメリカでも能力主義に基づく技能・知識給が導入され始めたことがあります。しかし、その運用の結果、対象となる従業員の多くが最高技能、最高知識レベルに到達したため高コストとなり、やはり、結果的に、能力主義に基づく賃金を断念した事例もあるようです。

　既に述べたように、客観的に把握できない能力（潜在能力を含む）で評価し、昇給することは職務給の概念にはまったく不適合です。実際、技能・知識給はアメリカでは増えていません。かつて日本でもてはやされたコンピテンシー給も同様です。

☑ 新たな賃金管理の方針

　従業員がそれぞれの職務を与えられ、正しい職務等級に格付けされた場合、新しい賃金体系に移行していきます。その移行時あるいはその後の運用において、注意すべき点と、その取扱い方を説明します。

1．単一職務給を導入し、これに移行する場合

　範囲職務給とは異なり賃率に幅がないため、旧賃金が新賃率で計算した

額以下の場合は一気に引き上げるか、定期昇給時に引き上げます。

　旧賃金が新賃率による額よりも高い場合は、期間を通じての昇級、新しい仕事の付与（職級異動）によって賃率を維持するか、あるいは調整給として引き下げるか、最終的には退職などによって短期間に解決を図ります。

2. 昇級および降級と賃金

(1) 昇級に基づく賃金の取扱い

　昇級に基づく昇給は、図表3-11のように2つのパターンがあります。①のように上位等級下限額に満たない場合、または②、③のように上位等級のレンジにおさまっている場合です。

　①の場合は、一度に昇給する方がモチベーションは向上しますが、企業によっては下限額に至る当初の賃金は、訓練や試用期間の昇級として何回かに分けて昇給させる方法もあります。

　そして、②のように下位等級の査定昇給をしたうえで、そのまま上位等級に移行する場合と、③のように上位等級に移行し、さらに昇給を保証する場合があります。なお、号俸表の運用の場合は、上位等級の直近上位額に昇給することになります。

(2) 降級による賃金の取扱い

　降級に基づく降給は、図表3-12のように2つのパターンがあります。④のように、下位等級上限まで降給する場合と、⑤のように上位等級の賃金が下位等級のレンジにおさまっていることから、そのまま移行する場合の2通りです。なお、号俸表の運用の場合は、下位等級の直近下位額に降給します。

　多くの会社では減給を少なくするように努めていますが、④の場合は特に、降級後の等級に存在する経験豊富な他の従業員が不満を持つことも考えられ、注意が必要です。

Ⅲ　職務給の運用　139

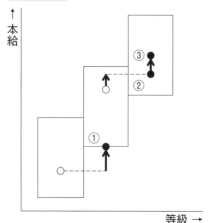

図表 3-11　昇級時の賃金の取扱い

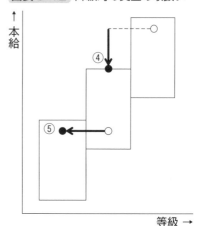

図表 3-12　降級時の賃金の取扱い

3. 配置転換

(1) 日本企業と欧米企業の配置転換の違い

　配置転換とは、本来、同じような職務等級または同程度の難しさの職務に変わることをいいます。職務そのものはまったく変わるかもしれませんが、責任とその職務に要求される作業の水準は同じです。退職勧奨とも捉えられるような配置転換は欧米では考えられません。

　そもそも、ホワイトカラーに限定すると、日本企業のような能力開発のためと称した定期的な異動（ジョブ・ローテーション）は欧米にはありません。専門職志向で職種採用の欧米、特にアメリカでは、自身の望むキャリア・アップにならないポジションへの異動ですら、専門性が希薄になってしまうことから敬遠され、実施されることはごく僅かです。つまり、異動という概念は採用の領域として捉えられます。

　なお、ブルーカラーにおいては一般的なジョブ・ローテーションが、ホワイトカラーで実施されるとするならば、ごく一部の経営幹部層に対する

リーダーシップ開発としての選抜プログラムがある程度です。

　一方、生産現場では同じ作業を延々と繰り返すことの退屈さを避け、やる気を失わないようにするための配慮として、欧米でも過去からジョブ・ローテーションが実施されてきました。とはいえ、労働組合の反対もあり、当然実施されていない企業もあります。

　さて、この場合の賃金の扱いですが、一時的な配置転換であれば低位の職務への異動であっても現行賃金が保障されます。また、高位の職務への異動であれば高い職級の賃率が支払われることになります。

(2)　日本企業のジョブ・ローテーションの再確認

　職務等級制度は、職務の異動がしづらく、異動すれば賃金が下がり不利益変更につながるという批判的な意見があります。しかし、そもそも従業員の能力に適合しない職務へ異動をさせているとするならば、ジョブ・ローテーションとして甚だ疑問のあるところです。

　また賃金についても、たとえ職務を変更しても、その従業員の能力に相応しい異動先であり、その結果として作業の水準が同程度であれば、日本の賃金は範囲給となっていることが多いことから賃金の引下げは発生しにくく、これらの批判にはあたりません。ジョブ・ローテーションの真の目的を再確認すべきと考えます。

　このような人事管理の本質的な考え方の違いは、人材募集および採用にも表れています。日本では、適性に多少の問題があったとしても社内から人材を見つけ出そうとします。しかし欧米では、最適な人材を見つけ、選抜し、任命するという意味では社内、社外は問いません。職務記述書や明細書の内容に基づき、社内であれば社内公募を基本に異動やジョブ・ローテーションを実施しますし、無理することなく社外から人材を見つけ採用（選抜）しています。

Ⅲ　職務給の運用　141

Ⅳ これからの社会と賃金 〜合理的賃金のすすめ〜

☑ 少子高齢化とワーク・シェアリング

　今後、経済状況が悪化する中で失業率が増加することも考えられます。そこに少子高齢化が追打ちを掛けます。年金の支給開始年齢がさらに引き上げられていく可能性が高くなる中、高齢者は70歳まで働いて所得を得るしかない状況に陥るでしょう。

　この状況下において、高齢者はこれまで通り慣れた環境で熟練技能を発揮し、収入を得たいと望むのではないでしょうか。そうすると、ワーク・シェアリングあるいはジョブ・シェアリングの導入によって一人ひとりの労働時間を短縮し、高齢者の負担を軽減すると同時に、新規雇用の創出による労働者の若返りを図ることができます。

　ただし、生産性を低下させることなくワーク・シェアリングやジョブ・シェアリングを実施するためには、標準作業、標準時間の設定が必要であり、このためには職務分析が必須となります。

　労働時間を短縮する場合は尚更です。例えば、『労働時間の政治経済学』（清水耕一、名古屋大学出版会、P.242）によると、生産性を維持し、時短（週40時間を35時間に短縮）を達成しようとすれば、単純に計算では、時給×（40／35）となり、14.3%の賃上げになります。

☑ 人事考課制度の課題

　日本では、人事考課に課せられる役割が過大であり、人事管理面において人事考課に寄せる期待が高すぎます。

142　第3章　職務給の決め方と賃金管理

この理由は、職務分析という人事管理上の基礎的な手続きを経て職務を設定していないことから、職務中心の管理体制を確立できていないことにあります。それでいて、職務（成果）中心、能力中心の管理の実現を志向しており、その役割を人事考課制度に期待しているためです。

　人事考課は万能薬ではありません。まず、職務を編成確立し、職務中心の管理体制を実現し、その管理体制下において必要とされる人事考課制度を設計することによってのみ、人事考課は過不足なくその役割を果たし得るものであることを認識しなければなりません。

☑ 職務等級制度における人事考課の意義と目的

　職務等級制度における人事考課制度は、経営方針・目標、経営計画と連動して期待される個々の従業員の相対的能率と勤務成績を、合理的に作成された一定の考課要素にしたがって直接上司が査定する手続きのことをいいます。

　この結果は、昇降級、昇降給、転任などの実施の指標を提供するだけでなく、従業員の努力を促進させ、また当初の任用の可否を検討する一手段として非常に重要なものとなります。

☑ 人事考課の内容と対象

　前述の通り、人事考課は個々の従業員の相対的能率と勤務成績を合理的に査定することが目的です。

　職務等級制度では、職務分析と職務評価を通して、職務に必要な従業員のスキルや知識、心身的条件を職務記述書および明細書で明らかにしています。これらを保持した従業員が職務に配置されていることが前提となることから、職能資格制度のような従業員の潜在能力を評価することはあり得ません。

　このため、基本的には従業員が遂行した具体的な数量（能率）を評価の

Ⅳ　これからの社会と賃金〜合理的賃金のすすめ〜　　143

対象とします。しかし、すべての職務において数量（能率）による評価ができるわけではありません。そこで、職務によっては職務遂行能力を対象とする評価法が研究されました。ただ、この方法には問題がありました。各従業員の特徴はその時々の環境に左右されるものであり、各人の示す態度に常に一定の性格を見いだすことは困難です。したがって、評価者は想像を巡らせて評価せざるを得ず、その信頼性が乏しいことは明らかでした。

そこで、客観的に観察し、記録することもできる職務行動に焦点をあてることになりました。さらに、相対的能率が表現できない成果について、実際的な証拠および事実によって評価する業績報告（業績管理）が行われるようになりました。

なお、正確性、信頼性、熱心さ（積極性）、協調性、企業意識（忠誠心）などの個人特性は、労働の成果を出す重要な要素であることから、評価の対象から除くことはありません。しかし、職務遂行能力同様に、評価の正確度は低いとされることから、業績（能率）評価より賃金への反映割合は小さくなります。

☑ 業績管理（パフォーマンス・マネジメント）と目標設定

職務等級制度では、責任範囲や職務内容が職務記述書によって明らかとなり、個人の主観的な思いが入ることはありません。

組織構造の形態に合わせ、それぞれの組織階層ごとに定められた目標を設定します。また、組織階層を定めにくいフレキシブルな組織であれば、業務プロセスにおいて目標を設定します。

日本では、業績管理と目標管理が混同されていますが、アメリカでは目標管理の対象者が管理監督者以上であるのに対して、業績管理は全組織構成員です。

また、目標管理が量的なパフォーマンス測定を重視するのに対して、業績管理では質的なパフォーマンスやプロセスも重視することや、日常的なフィードバックやコーチングを重視するなどの違いに注目すべきです。

なお、プロセス展開表を活用した新しい職務分析手法では、組織目標から個人目標まで、プロセスを通して明確にブレークダウンできます。

　また、経営環境の変化に合わせて目標を変更する場合もあります。これは職務記述書の内容変更にあたり、場合によっては職級の変更につながることから、実行にあたっては注意が必要です。

　目標設定は業績管理の一部であり、賃金や賞与の増加や、将来的な昇進の機会などに結びつきます。したがって、根拠がないような前年対比何％というような非現実的な高い目標の設定は、従業員のモチベーションを低下させ、始めから目標達成を諦めることになりかねません。このため、従業員が期間中に挑戦すれば目標達成が期待できる適切なレベルでの設定が望まれます。

　こうしたことから、一般的にアメリカにおける目標の設定には、明確な（Specific）、測定可能な（Measurable）、達成可能な（Attainable）、企業目標に関係ある（Relevant）、達成期限を含む（Time-bound）というSMART原則が適用されています。

☑ プロセス展開表と業績管理

　プロセス展開表は、課業ごとに成果指標を、作業（職務行動）ごとに先行指標を設定できます。

　目標値は経営計画から展開され、各業務および各作業によってこれを達成します。部門（部門長）目標は、成果指標とこの目標値で構成されます。そして、部門に所属する従業員の目標は、職務として割り当てられたプロセス展開表の単位業務（課業）あるいは作業（職務行動）の先行指標と目標値になります。

　なお、経営計画書上の重点目標については、その達成を確実にするために、関係する成果指標と先行指標を「目標体系表」として各部門であらかじめ作成します。

　図表3-13は、ある製造業の資材課倉庫グループの目標体系表です。

Ⅳ　これからの社会と賃金～合理的賃金のすすめ～　　145

図表3-13 目標体系表例

部署名　資材課倉庫グループ

部門目標　—	目標(改善取組)	業務コード/業務名	成果指標	現状値	目標値	先行指標	現状値	目標値
■在庫削減　資材倉庫回転日数10日以内　■部材出庫方法改善および安定供給絡部材遅延による生産障害ゼロ	[目標1]　出庫方法の改善	A/部材の入庫	[成果指標1]　入庫ミス件数			[先行指標1]		
						A1 検収間違い・検収漏れ件数		
						A2 受領印検収日付間違い件数		
						A3 納品伝票入力ミス・処理漏れ件数		
						A4 部材置場間違い件数		
		C/部材の出庫	出庫ミス件数　出庫運れ件数			C1 出庫指示確認漏れ件数		
						C2 リスト展開ミス件数		
						C3 出庫ミス件数　出庫時間(1アイテムあたり)		
						C4 在庫移動入力ミス・処理漏れ件数		
						C5 評価依頼確認漏れ件数		
		D/欠品連絡	欠品連絡漏れ件数			D1 欠品部材確認漏れ件数		
						D2 欠品情報連絡漏れ件数		
						D3 納期回答連絡受領取漏れ件数		
	[目標2]　材料在庫削減	E/棚卸	[成果指標2]　棚卸ミス件数			[先行指標2]		
						E1 実棚計画確認漏れ件数		
						E2 棚卸品区分け間違い件数		
						E3 物流許可品検収漏れ・申請漏れ件数		
						E4 棚卸漏れ件数		
						E5 実棚原票記入ミス件数		
						E6 実棚差異処理申請漏れ件数		
		F/不流通品処理	不流通品処理ミス・漏れ件数			F1 不流通品確認漏れ件数		
						F2 原因調査漏れ件数		
						F3 振替処理漏れ件数		
						F4 死蔵品申請漏れ件数		
						F5 死蔵品処理入力ミス・処理漏れ件数		
						F6 死蔵品置場間違い件数		
		G/廃却処理	廃却処理ミス・漏れ件数			G1 死蔵品確認漏れ件数		
						G2 使用可否調査漏れ件数		
						G3 廃却申請漏れ件数		
						G4 廃却処理入力ミス・漏れ件数		
						G5 廃却処理置場間違い件数		
	[目標3]　品質の向上	B/受入検査	[成果指標3]　検査漏れ件数			[先行指標3]		
						B1 検査依頼漏れ件数		
						B2 検査結果受取漏れ件数		
						B3 部材置場間違い件数		
		H/部材置場管理	出庫時間　保管状態による仕損件数			H1 問題発見漏れ件数		
						H2 改善発見件数		
						H3 改善提案件数		
						H4 協力依頼発行件数		

この会社では、重要得意先の指定納期および出荷数量（出荷指示）が日々変動するために、生産計画の変更が常に行われていました。部材の調達も混乱しており、このため入荷日も不安定になっていました。その結果、部材の受入れミスだけでなく、入庫から生産ラインへの出庫が間に合わない事態や、出庫間違いから生産ラインが一時的に停止するなどの生産障害が多発していたのです。

　図表3-14は、これを改善・改革するために作成されたプロセス展開表です。

　この倉庫グループでは、上位目標である資材課としての重点目標（①在庫削減と②部材出庫方法の改善）を受け、資材グループとしての目標を設定しました。これが、「出庫方法の改善」、「材料在庫削減」、「品質の向上」です。

　出庫方法の改善については、業務A（部材の入庫）、C（部材の出庫）、D（欠品連絡）という業務で実現することにしました。それぞれの業務には、業務Aは「入庫ミス件数」、Cは「出庫ミス件数」と「出庫遅れ件数」、Dは「欠品連絡遅れ件数」という成果指標として設定されています。

　次に、目標達成に関連するものとして抽出されたこれら業務には、それぞれ作業（職務行動）が決められており、またそれぞれに先行指標が設定され管理されています。つまり、部材の出庫を確実にするためには、C業務の目標である出庫ミス件数を削減することが求められ、この実現のためにはC業務の作業であるC1〜5の作業を確実に遂行することが求められます。この遂行度合いを測るものが、各作業の先行指標となります。

　出庫ミスの削減は、部材出庫指示を間違えて理解しないこと（C1）、出庫指示を間違いなくピッキングリストにすること（C2）、ピッキングリストに従って間違いない出庫をすること（C3）で実現できます。また、出庫遅れの削減は、ピッキングリストに従って速やかに出庫すること（C3）、出庫した部材のシステム入力を速やかに確実に行うこと（C4）、不流通在庫の使用についての速やかな品質保証部の評価業務がされること（C5）で実現できます。

Ⅳ　これからの社会と賃金〜合理的賃金のすすめ〜　　147

図表 3-14　プロセス展開表例

課業名	部署 ／ 資材課 A 部材の入庫	部署 ／ 資材課 B 受入検査	部署 ／ 資材課 C 部材の出庫	部署 ／ 資材課・倉庫グループ D 欠品対応	部署 ／ 倉庫グループ E 棚卸	作成者 F 不流通品処理	作成者 G 廃却処理	作成者 H 部材置場管理
成果指標	入庫ミス件数	検査漏れ件数	出庫ミス・出庫遅れ件数	連絡漏れ件数	棚卸ミス件数	処理ミス・処理漏れ件数	処理ミス・処理漏れ件数	出庫時間・保管状態による仕損件数
業務リスク	入庫ミス	検査漏れ	出庫ミス・出庫遅れ	連絡漏れ	棚卸漏れ	処理漏れ	処理漏れ	出庫に時間がかかる・保管状態による仕損
1　作業の流れ他	ベンダーから納品された部材の現品と納品伝票を照合し検収する	品質保証部の重要保安部材の受入検査を依頼する	出庫指示ルーティングで部材出庫指示を確認する	欠品部材の品名・数量・生産予定日などを確認する	実地棚卸計画書と倉庫配置図・担当部材を確認する	半期ごと期末に不流通を確認する（ラインで半年以上入出庫ない部材）	半期前の死蔵品データ通を確認する（夕部品使用前製品を確認する部材）	部材保管状態、部材置場レイアウトなどの問題点を発見する
機能内容（P・D・C・A）								
インプット	納品伝票・部材	重要保安部材	日程表・生産進捗表	ピッキングリスト	実地棚卸計画書	不流通品在庫データ	半期前死蔵品データ	保管状態・レイアウト
アウトプット	検収済み部材	受入検査依頼書	部材出庫指示書	欠品部材情報	確認済み実地棚卸計画書	確認済み不流通在庫	確認済み半期前死蔵品	問題点
関連プロセス	検収間違い・検収漏れ件数	品質保証部	生産管理・製造部	欠品部材情報	流通品、死蔵品、棚卸除外品（預り品）の区分けをする	確認済み不流通在庫	問題発見件数	問題発見件数
KPI（先行指標）	検収間違い・検収漏れ件数	受入検査依頼漏れ件数	確認漏れ件数	確認漏れ件数	確認漏れ件数	確認漏れ件数	確認漏れ件数	問題発見件数
2　遂行上のリスク	検収間違い・検収漏れ	受取漏れ	確認漏れ	確認漏れ	確認漏れ	確認漏れ	確認漏れ	問題点に気づかない
機能内容（P・D・C・A）								
インプット	納品伝票を受領し受領印を押印して物品受領票をベンダーに返す（データ入力し、在庫を入力し、在庫計上する）	品質保証部より検査結果を受け取る	部材出庫指示書を資材倉庫ピッキングリストに展開する	資材課購買グループに欠品部材の情報を連絡する（購買／資材課ベンダーへの納期確認促進をする）	流通品、死蔵品、棚卸除外品（預り品）の区分けをする	不流通品の原因調査をする	使用可能の調査をし廃却品リスト及び廃却品リストを作成する	グループミーティングで保管状態及び現場レイアウトの改善策を作成する
アウトプット	納品伝票	検査結果	部材出庫指示書	欠品部材情報	実地棚卸計画書	不流通品在庫	半期前死蔵品	確認済み保管状態・レイアウト
関連プロセス	納品伝票	物品受領書	ピッキングリスト	欠品連絡	実地原票	確認済み不流通品在庫	確認済み半期前死蔵品	確認済み保管状態・レイアウト
KPI（先行指標）	検収印間違い件数	受取漏れ件数	展開ミス件数	連絡漏れ件数	区分け間違い件数	調査漏れ件数	調査漏れ件数	改善提案件数
3　遂行上のリスク	受領印検収日付間違い	受取間違い	展開ミス	連絡漏れ	区分け間違い	調査漏れ	調査漏れ	よい改善案が出ない

機能内容（P・D・C・A）4

項目	納品伝票	入庫部材	ピッキングリスト	納期回答依頼書	緊急入荷品	原因調査結果	廃却リスト	改善案
インプット	納品伝票	入庫部材	出庫済みピッキングリスト	資材課購買グループ	物流許可申請書	振替伝票	廃却品申請書	承認済み改善案
アウトプット	入力済み入庫データ	置場移動済み部材	入力済み出庫データ	納期回答依頼書	検収漏れ・申請漏れ	振替漏れ・処理漏れ	申請漏れ	承認済み改善案
KPI（先行指標）	入力ミス・処理漏れ件数	置場間違い件数	入力ミス・処理漏れ件数	受取漏れ・出庫時間	検収漏れ・申請漏れ件数	処理漏れ件数	申請漏れ件数	承認件数
遂行上のリスク	置場間違い	置場間違い	入力ミス・処理漏れ	品名、数量間違い漏れ	検収漏れ・申請漏れ	振替漏れ・処理漏れ	申請漏れ	承認が得られない
関連プロセス	分類別部材置場へ部材を移動する ※重要保安部材の場合はB-1へ		不流通在庫を出庫する場合は、品質保証部へ再評価を依頼する	受取漏れ	実地棚卸の死蔵品（在庫員数確認）	振替不可品の死蔵品申請をする	申請承認を受けシステムに廃却品処理入力をする	改善承認を受け実施し各ベンダーへ改善への協力依頼をする

機能内容（P・D・C・A）5

インプット	不流通在庫／出庫済みピッキングリスト
アウトプット	実地棚卸票／棚卸結果／原因調査結果／承認済み廃却品申請書
KPI（先行指標）	棚卸漏れ・計上漏れ／申請漏れ件数
関連プロセス	長期保管再評価依頼書／品質保証部／死蔵品申請書／経理
遂行上のリスク	記入ミス・計上漏れ／申請漏れ／棚卸結果を集計し実地棚卸票に記入する

機能内容（P・D・C・A）6

インプット	不流通再在庫／死蔵品
アウトプット	棚卸差異／死蔵申請承認／死蔵品処理入力／承認済み廃却品申請書
KPI（先行指標）	記入ミス件数／依頼漏れ件数／置場間違い件数
関連プロセス	長期保管再評価依頼書／死蔵品処理入力／置場移動済み死蔵品／経理
遂行上のリスク	記入ミス／依頼漏れ／置場間違い／差異申請漏れ／置場間違い

また、経営計画上の重要目標だけではなく、一般層の従業員に対しても課業や作業（職務行動）での達成度評価が可能です。このように、プロセス展開表さえ作成しておけば、上位目標から業務、そして下位目標までを体系的に設定することができ、業績管理のための重要なツールとしても活用できます。

☑ 職務管理とモチベーション

第1章Ⅰ節で、グレーシャー金属における科学的調査に基づく業務組織の合理化計画"グレーシャー計画"を紹介しました。この取組みから判明した、職務管理に関する効果について述べます。

もともとこの計画の背景には、人間関係論的な手法だけでは課題が解決しなかったことがありました。この調査から得られた重要な結果は、業務組織内に発生する社会的ストレスの最大の原因が、役割や身分の不明確な規定といった組織設計の不備にあるというものでした。特に、1人がいくつかの役割を担当している場合に、それらの役割の混同によって社会的ストレスが多く発生すると判明しました。

この結果を踏まえて、グレーシャー金属のウィルフレッド・ブラウン会長は、「業務組織に含まれる全ての役割を組織の目的から合理的に割り出し、目的と役割の関連を組織設計上に明確に表現することこそ、役割の混同を阻止し、業務の円滑な遂行を確保する鍵」であることを確信し、次のように述べています。

①業務システムの本来の存在理由が市場需要によって生じる一連の課業を遂行するためのものであること
②業務システムの機構はこのような課業の中から現れてこなければならないこと、それはこれらの課業の変化に絶えず適応していけるものでなければならないこと

150　第3章　職務給の決め方と賃金管理

③全体としての仕事が業務システム内のすべての役割の間で分割され
　なければならないこと

　業務組織の外部市場への適応という基本的課業に関連づけることこそ、
内部の社会的ストレスから業務組織を守る最善の方法だとするこのような
考えは「課業アプローチ」と呼ばれています。
　未だに職務を明確にせず、これを管理できていない多くの日本企業で
は、これからの多様な働き方が進展していく過程で、社会的ストレスとい
う課題をますます顕在化させるものと考えられます。

第4章

働き方改革のための
新しい職務分析手法を活用した
業務改善の実際

ここまで、職務給と職務分析・職務評価について述べました。第4章では、職務分析が、業務改善による生産性向上を目指し、かつ多様な働き方を実現するための必要な手段であると同時に、本質的な働き方改革を推進するうえで押さえておきたい重要な手法であるという観点から詳しく述べていきます。

　そもそも経営には、ありたい姿（ビジョン）に向かって組織を方向づけ、改善、改革をすることが求められます。職務分析によって職務に関する現状を把握し、さらにその分析結果を活用することで作業方法や工程（プロセス）の改善、環境条件の改善および組織や職務の改編を行うことができるのです。

　既に述べたように、職務分析は、テイラー（20世紀初頭にアメリカで「科学的管理法の父」として活躍）によるオペレーションの職務分析である「動作研究」や「時間研究」に基づいています。これらは、1日の標準作業量の決定を前提とした「課業（task）管理」の体系がまとめられたものです。これらの研究が進められていく過程で、作業は、規格化・標準化（テイラー・システム）から、移動組立法（ベルトコンベア方式）を駆使した製品の規格化・標準化（フォード・システム）が中心となっていきました。また、熟練は不要化し、仕事は「職能」や「職種」と呼ばれていたものから「職務」（job）へと移行しました。

　さらに、単純な仕事（職務）が出現し、各職務は分類、格付けされ、そして階層化され、厳格な職務給が導入されていきました。

　第1章で、職務分析の活用領域を7つ挙げましたが（P.44参照）、日本においてこのような本格的な職務分析は、これまでほとんど実施されることはありませんでした。しかし、職務分析の用途は人事管理を確立するだけに留まらず、作業や業務を改善することでジョブ・シェアリングの実現に寄与するなど、働き方改革の実現のためにも役立てることができます。

　もっとも、職務分析の範囲と分析の力点は、それを適用する管理目的によって調整されるべきであり、過度に精緻な分析である必要はありません。しかし、業務改善に求められる職務分析については、時間的契機

154　第4章　働き方改革のための新しい職務分析手法を活用した業務改善の実際

（周期、頻度、時間比率など）や工程（プロセス）、作業手順が求められることから、詳細な分析が必要となります。

Ⅰ 働き方改革のための『新しい職務分析手法』

☑ これまでの職務調査や職務分析の問題点

職務分析に関して課業（ある目的を果たすために行われる、まとまった仕事を指す）までの分析だと、なんとか職務評価はできたとしても、業務改善にまで活かすことはできません。業務改善につなげるためには、分業の仕方やそれぞれの作業を従業員の能力に合致させ、手順そのものが執務基準となるような内容にしておくなど、合理性が求められます。

したがって、これらの問題を解決し、経営改革につなげるようにするためには、課業レベルの分析ではなく、要素作業まで詳細に分析をしておくことが必要です。そうすることで、普段の職務内容を確認できるのみならず、正社員の雇用条件を短時間勤務や在宅ワークに切り替える際にも、どのような職務を担わせるかなどの検討資料として活用できるため、雇用条件の変更にも迅速に対応できるのです。

また、先に述べた通り、職務分析は、「現在の姿」を分析するものです。つまり、これを徹底したところで、現状を維持していくための作業手順になります。したがって、単に「現在の姿（職務）」を編成したところで、経営改革につながることはありません。「あるべき姿」や「将来の理想」につながる職務を編成してこそ、それを経営改革につなげることができるのです。

☑ 新しい職務分析手法（プロセス展開表）を活用した業務改善

　業務改善をするために、「プロセス展開表」を活用した職務分析を行うことで、業務および職務を整理します。これによって、現在の業務の流れ（フロー）と作業内容を洗い出すことができます。その後、内容を再確認すると同時に、既に業務上の問題が発生している業務の流れ、および作業内容についてはその原因を見つけ出し、標準化するために改善すべき課題を見い出していくことになります。

　先述の通り、職務分析は本来、「現在の姿」を分析するものであって、「あるべき姿」や「将来の理想」を記述することではないのですが、「プロセス展開表」を活用することで、これらに対応することができるのです。

図表 4-1 職務記述書作成までの全体の流れ

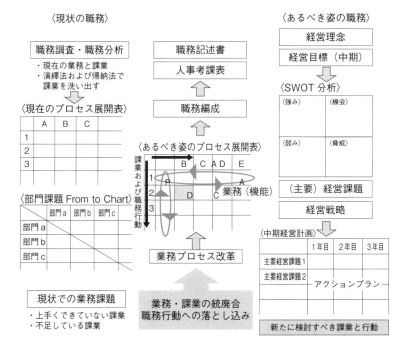

☑ 「あるべき姿のプロセス展開表」作成のための改善の視点

(1) 役割（職務）を規定する４つの仕事

　会社が期待している行動（仕事）とは、会社が掲げた目標を達成するための行動（仕事）です。この目標は中長期で立てられ、毎年、見直しを図ることになります。そして、この毎年の目標が達成できるよう行動も毎年変えていかなければなりません。

　また、目標を達成するために解決すべき問題は、過去、現在、未来の時系列で、３つの視点が必要です。過去の視点は、既に顕在化しており解決しなければならない問題、現在の視点は、現状に満足せず、現状を否定することから発見できる問題、そして未来の視点は、未来を見据えて現状との差異で発見されるリスクや問題です。プロセス展開表を用いて、これらを洗い出すことになります。

　上記の問題を解決するための行動は、次の通り４つに分類されます。

　１つめは、過去から現在に至るまで続けている最低限実施しなければならないような基本的な仕事（定型業務）です。２つめは、現在は行動（仕事）の効果が芳しくないものの、単純な改善によってできるようになる仕事、つまり問題を発生させない仕事への変更です。当然、１つめの定型業務にもこれに含まれるものがあります。３つめに、新たに挑戦しなければならない戦略的な行動（仕事）です。これは、目標から導き出され、計画のもとに行われるものです。４つめは、環境や状況認識の変化に適応しながら創発的に発生する行動（仕事）です。これは、上記の３つの行動（仕事）を実行するだけでは変化に対応できないなど不十分な点を補うために必要とされる行動です。

　このように、戦略的意図に基づく行動と、創発的行動の両立があって初めて経営目標が達成できるのです。当然、これまで行ってきた仕事で不要となった仕事は廃除しなければなりません。また、創発的行動は当該組織

図表 4-2 時間軸で見た仕事（行動）の種類

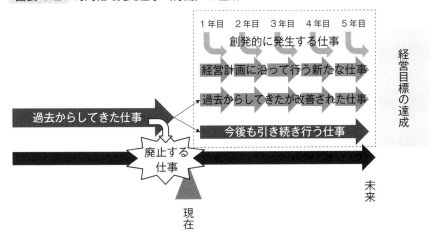

における価値の共有に支えられたものでなければならないことも論をもちません。

　ただ、何らとるべき行動（仕事）を決めずに、「経営理念に沿い、環境（状況）に応じて戦略的に行動を変えながら結果を出しなさい」という「創発的な戦略論」に基づく指示は、余程に能力があり、かつ自律した従業員に対してのみ有効なものであって、多くの従業員は、決めたことすらやらないあるいはできないものです。

　従業員が行動しないのには理由があり、それはこれまでの行動を変えることへの不安であり抵抗でもあるのです。また、できないのはそもそも知識がないあるいはこれまでに経験したことがないからです。このため、会社としてはこれらのことを想定しながら、これからの行動（仕事）を基準書に書き上げ、そのための教育訓練によって能力開発をし、さらに、管理監督者がティーチングし、コーチングしながら、具体的に行動に移させ、結果を見ながら行動を修正させることが必要となってくるのです。

　つまり、経営者がいくら経営方針を叫び、経営戦略を語ったところで部下の具体的な行動は何も変わらないのです。

(2)　現状プロセスの改善の視点

　プロセス展開表を作成する過程で、同じ業務であるにもかかわらず、従業員によって異なる手順や方法で作業をしていることが発覚することが多々あります。これには、使用する設備・機器が違っていることもあれば、先輩から引き継がれてきたやり方が異なるなど、何らかの理由があります。しかし、手順や方法が異なるということはミスや不具合を生じやすく、業務品質が安定しないことから、手順ややり方を原理・原則に則って改善していかなければなりません。

　それから、業務フローおよび手順（職務行動）において、計画業務（行動）が実行されず、計画策定前のやり方で作業をしていることも多く見受けられます。同時に、業務フローおよび手順に計画業務が記されていないため当該業務のモニタリング・チェック（評価）も実施されていないなど、業務品質を確認し維持できる仕組みになっていない場合は、当該業務に関連する全業務およびその手順についてPDCAの観点から改善することが必要となります。

(3)　ありたい姿（中長期目標）からの改革の視点

　中長期目標を達成するためには、社内外のベストプラクティスをベンチマーキングすることのみならず、経営課題を抽出し、課題ごとに実行可能な対応策を考え、実際の行動管理に移す一連のプロセスが必要であり、さらにそれを構築する論理的思考が必要です。これは、過去の理論や経験が通じにくくなっている今日では、特に求められます。

　したがって、これまでの延長線上で問題を捉えるのではなく、過去の情報や経験をいったん白紙に戻すこと、つまり本来あるべき姿から最善策を考えること（ゼロベース思考）や、演繹的に結論から対策を考え出していく演繹的思考、ロジック・ツリーといわれる「特性要因図」や「系統図」などの技法の活用も必要となります。

⑷ プロセス改善の視点

　プロセス改善を試みる姿勢の原則は、次の通りです。

①すべてに疑問的態度を持つ
②各種の現象に対して原因を探る習慣をつける
③常に関係者を巻き込み、アイデアを引き出す

　こうした態度を持ち続けたうえで、以下の着眼点を持ち、また手法を活用します。

【 5W1H 法 】

　現在の状況を簡潔に、漏れなく捉えて表現するために、5W1Hを自問自答していくことが役立ちます。

① Why：なぜ行うのか（目的）
② When：いつ行うのか（時期、時間）
③ Who：誰が行うのか（人）
④ Where：どこで行うのか（場所、位置）
⑤ What：何を行うか（対象）
⑥ How：どのように行うか（手順、方法）

【 改善のための ECRS 】

　5W1H 法に、排除（Eliminate）、結合（Combine）、交換（Rearrange）、簡素化（Simplify）という4つの視点を加えて、問題をもれなく検討することで、「プロセス展開表」をあるべき姿に改善していきます。

①排除（Eliminate）：

　「それをやめられないか」「ムダなものを無くせないか」「不必要な作業はやめられないか」など、業務の目的および機能の見直しにより、排除および部分的に省略することを検討します。

②結合（Combine）：

　「時期を変えてできないか」「まとめられないか」「他の作業と組み合わ

I　働き方改革のための『新しい職務分析手法』　　161

せられないか」「同時にできないか」など、業務の類似性により集約、結合したり、場合によっては、組織、工程配置や建物さえも結合したりすることを検討します。

③交換（Rearrange）：

「順序を入れ替えられないか」「他のやり方に変えられないか」「他の物と取り替えられないか」など、部門内および部門間での業務の入替え、順序の変更ができないか、また、業務の特性によって分割したり、業務の流れの内外で分割したりできないかなどを検討します。例えば、オンラインとオフライン、即時処理と一括処理、定常と非定常に分けたりすることです。

④簡素化（Simplify）：

「単純にできないか」「簡単にできないか」「数を少なくできないか」など、業務を細分化、分業化、標準化および低技能化することや、この結果、機械化、自動化およびコンピュータ化などすることを検討します。

☑ プロセス改善のための技法

(1) 特性要因図の活用方法

特性要因図とは、特性（結果）と、それに影響を及ぼすと思われる要因（原因）との関連を整理して、魚の骨のような図に、体系的にまとめたものです。仕事の管理や改善を進めるうえで欠かせない、QC 七つ道具の 1 つの手法です。

◆特性とは

特性とは、仕事の結果、あるいは工程から生み出される結果を示すもので、次の通りです。

①品質：外観、寸法、重量、純度、不良品数、クレーム件数、不良率など
②原価：材料費、加工費、労務費、宣伝費、残業時間、売上高、クレーム

図表4-3 特性要因図の形

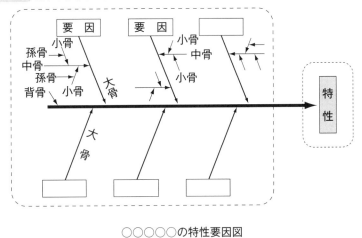

○○○○○の特性要因図

金額（品質起因の内部・外部損失金額）など
③量・納期：工数、稼動率、生産量、出荷量、納期遅延日数、納期遵守率など
④安全：災害率、事故件数、ヒヤリ・ハット件数、無事故時間など
⑤モラール：出勤率、参加率、提案件数、改善件数など

◆要因とは

要因とは、結果（特性）に影響を与えるとして取り上げた原因です。特性要因図の大骨・中骨・小骨・孫骨は要因にあたります。

製造部門において、特性が製品の品質のバラツキに関するものである場合、一般に4Mのバラツキに起因していることが多いので、大骨の要因を4Mで検討します。4Mとは、次の4つのMのことをいいます。

・Man：従業員（人）
・Machine：機械・設備（装置）
・Material：材料・部品
・Method：作業方法（方法）

なお、NASA でも採用されている 4M-4E マトリックスという分析手法
があります。これは発生した事象について 4M の視点から要因を抽出し、
これらの要因に対して、4E の視点から対策を検討する原因対策対応式
（マトリックス式）の分析手法です。この場合の要因の 4M とは、「Man」
（人）、「Machine」（設備、機器）、「Media」（環境）、「Management」（管
理） です。また、対策の 4E とは、「Education」（教育・訓練）、
「Engineering」（技術・工学）、「Enforcement」（強化・徹底）、「Example」
（模範・事例）となっています。

◆特性要因図の作成手順

手順1　特性を決める
　　　　「〜の作業ミス」というように "悪さ" で表現した方が要因を
　　　　発見しやすくなります。
手順2　要因の背骨を記入する
手順3　要因の大骨を記入する
**手順4　ブレーン・ストーミングで更に要因の中骨、小骨、孫骨を記入
　　　　する**
　大骨の要因1つずつについてブレーン・ストーミングを行い、なぜ、な
ぜと要因（原因）を追究し、中骨から小骨、孫骨へと細かく矢印で分類
し、それぞれ要因を記入します。大骨、中骨、小骨、孫骨が系統だって整
理され、最も末端（小骨、孫骨）は、アクションのとれる要因（原因）ま
で展開されることが大切です。
手順5　要因（原因）に漏れがないかチェックする
手順6　各要因の影響度について重みづけをする
**手順7　選び出した重要な要因が真の要因であるかどうか、事実を掴ん
　　　　で検証する**
　比較的簡単とされている特性要因図ですが、要因が "ある" "ない" と
か、"高い" "低い"、"大きい" "小さい" など、水準の要因として機械的
に取り上げられているだけで要因になっていない場合や、要因が既に対策

164　第4章　働き方改革のための新しい職務分析手法を活用した業務改善の実際

となって示されているケースを多く目にします。これは、「なぜなぜ分析」による要因（原因）の追究ができていないことを示しています。

例えば、「"高い"ものは何か、それが"高く"なるのはなぜなのか」と掘り下げていくことで要因が導き出されます。

(2) なぜなぜ分析の活用方法

「なぜなぜ分析」とは、「なぜ」を繰り返しながら、問題を引き起こしている事象の要因を、論理的に漏れなく出しながら、狙いとする再発防止策を導き出す方法のことを言います。「なぜ」を思いつきで挙げていくのではなく、論理的に繰り返していく形で、発生原因を掘り下げます。ただ、周りの状況と過去の経験から物事を考えてしまうと、「なぜ」の始まりで本質を見失うことがありますので注意が必要です。

例えば、工業用部品製造販売会社の生産現場で、金型加工調整作業が日々行われていることがあります。そもそも金型の加工調整は、通常、金型を製作し、初回生産で使用される際に実施する最終の微調整作業であり、日々行うべき作業とはいえません。確かに金型は摩耗していきますが、その原因が設備の老朽化、金型装着時の作業不良によって起こる異常

図表 4-4 なぜなぜ分析

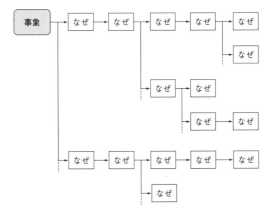

摩耗などの場合もあります。

　不具合の原因が、原理・原則から複数導き出されるにもかかわらず、その発生の原理・原則を知らない、追究しない者は、現象を正確に把握できません。そして、安易に過去の個々人の技量や過去の経験から、「～だろう」という思い込みで原因系を決めつけ、行動に移してしまうのです。

　このようなケースでは、不具合の主な原因は、設備のメンテナンス不足による老朽化によることも多いのですが、職場や設備の清掃や設備の定期保全をすることもせず、ただ経験と技能に頼り、日々誤った金型を加工調整してしまいがちです。金型を加工調整すること自体が間違っているにもかかわらず、加工調整を行い、挙句の果てに高価な資産である金型を廃棄処分してしまっては、会社が儲かるはずがありません。

　なぜなぜ分析には、次の2つのアプローチ方法があります。

①「あるべき姿」からのアプローチ

　上手く何かをやるための形、フォーム、条件をまず頭に浮かべてから、現状と照らし合わせて（調査してから）原因を探っていくやり方です。

②「原理原則」からのアプローチ

　「なぜ」の問いに対して、現象そのものに捉われず、現象の原理原則を考え展開します。つまり、物理現象として捉えることです。再発している不具合など、現象の発生メカニズムが比較的わかりにくく、原因が複数ありそうな場合に適しています。

(3) 系統図の活用方法と作成手順

　系統図とは、問題を着目点で幾度も枝分れさせながらその全容を明らかにし、やがて問題解決の方策に到達していこうというもので、新QC七つ道具の1つです。

　系統図は、目的を達成するための手段を漏れなく導き出したり、その中から最も有利な手段を選定したりするのに用いられます。系統図の特徴は、次々と枝分れしながら方策を展開していくところにあります。

図表 4-5 方策展開型の系統図（概念図）

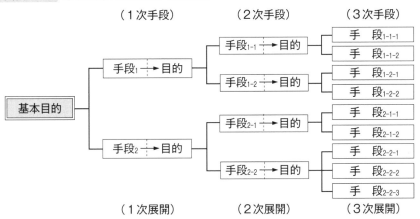

　例えば、ある目的を達成したいとき、その目的を達成するためのいくつかの手段を考え出し、さらにその手段を実施するためのいくつかの手段を考え、これらを系統的に展開して図に表していきます。最終的に達成したい目的を基本目的といい、基本目的を達成するためにはどのような手段が必要かを考えます（1次手段）。一般的に、複数の手段が考えられます。

　1次手段では、実行に移せるほど具体的な手段となっていないため、さらに、この1次手段を目的と考え、これを達成するための手段をいくつか考えて2次手段とします。同様に、2次手段を目的として3次手段を考えていきます。このようにして得られた手段が実行できる具体的なものとなるまで（およそ5～6次展開）、繰り返し手段を求めていきます。本来、特性要因図での要因の検討において、アクション（対策）がとれるまで掘り下げていれば系統図は不要になりますが、実際には限界があります。

　この系統図を活用し、個人の行動レベルにまで導き出された手段が課題解決行動となり、プロセス展開表の職務行動（単位作業）として新たに書き足されることになります。

(4) 特性要因図から系統図への展開

職務調査・分析をした際に、既に確認されている問題（不良品、クレームなどのトラブル）やリスクについては、特性要因図を用いて、問題を引き起こしている要因を追究していきます。その後、特性要因図で特性に大きく影響していると思われる重要な要因を絞り込みます。

そして、この要因を解決する方法を1次手段とし、順次対策を掘り下げていきます。この場合、特性要因図で重要とされた要因の数だけ系統図が必要となります。

問題の発生メカニズムが物理的に解析できる事象は、比較的原因の追究がしやすく、対策を打ちやすいのですが、人間の特性（知識、スキル、感覚など）が問題となっている場合は難しくなります。この場合、認知科学を応用できることもありますが、「どうすれば人間が意識するようになるか、集中できるか、認識できるか」など、具体的に事例を活用しながら仮説を立て、検証していくことになります。

この展開方法は、要因を系統図に展開していく過程で、特性要因図上の要因が、大骨、中骨、小骨、孫骨と系統だって整理されているかどうかの検証もでき非常に効果的です。

図表4-6 特性要因図から系統図へ（特性要因系統図）

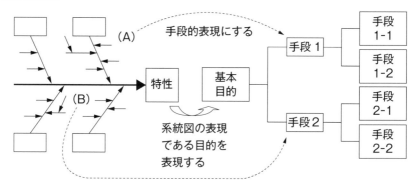

⑸ 改善・改革の実行への活用

　実際に改善・改革に取り組むことになった場合、前提となる資料やデータが整っていないことが少なくありません。そして、特性要因図で選定した要因どころか特性までもが、そもそも重点課題となっていないことが多くあります。このため、特性要因図の作成後に現物を確認したり、資料やデータなどを収集・分析し、それらを検証したりしておくことが非常に重要となります。場合によっては特性要因図や系統図を再度作成し直したうえで、改善・改革テーマを変更することも必要となります。

Ⅱ 働き方改革に必要な部門別職務分析手法の理解

　業務改善・改革とは、現在の業務遂行上の問題点を解決し、より良い業務を創出することです。つまり、業務の価値を高めることにあります。

　「職務分析」を掲げた本項においてなぜいきなり「業務改善」なのかというと、（ここまでお読みいただいた読者諸兄には既にお察しいただいているかもしれませんが）職務より低次の（細かい）概念である業務をみないことには、職務を語り得ないからです。したがって、まずは問題点を洗い出すことを目的に業務分析を実施し、業務全体を"棚卸し"（現状の姿）することによって、現在の業務を振り返ることから始めます。

　そして、そのためのツールとして利用するのが、プロセス展開表です。これは、現在の全職務の内容を調査することで会社の全業務を洗い出し、この業務を改善・改革する手段として活用できます。また、プロセス展開表によって改善・改革された業務（課業および単位作業）によって職務を編成することができるため、職務分析の手段ともなります。

　ここでは、業務改善に必要な知識および手法について、部門（職能組織）別に解説していきます。まずは、全部門の業務改善の考え方の基礎となる製造部門について、当該部門における分析手法と改善の着眼点を解説します。

1 製造部門における職務分析手法とその活用方法

1. 製造部門に必要な作業標準と標準時間

　既に述べた通り、職務分析の原点は、科学的管理法によるオペレーションの職務分析である「動作研究」や「時間研究」にあります。この分

170　第４章　働き方改革のための新しい職務分析手法を活用した業務改善の実際

析の結果、1日の標準作業量の決定を前提とした「課業（task）管理」が実現し、同時に、仕事は「職能」とか「職種」と呼ばれていたものから「職務」（job）へと移行することになりました。

この動作研究とは、作業に使う工具や手順などの標準化のための研究であり、ある作業について基本動作を分析し、不必要な動作を排除し、必要な動作のみを組み合わせて標準動作を組み立てたものです。これを表したものを作業標準といいます。

(1) 作業標準作成の目的および用途

作業標準作成の目的は次の通りですが、最終的な目的は、職場利益の維持と向上を達成することにあります。

> ①品質の維持および向上
> ②原価の維持および圧縮（材料費・労務費・経費を含む）
> ③納期の遵守、数量の確保、生産期間の短縮、在庫の削減および維持
> ④安全の確保および向上、作業環境の保持および向上

そして、作業標準は、①作業用、②技術・技能蓄積用、③教育用、④評価用、⑤ ISO 認証等の審査用などの用途に合わせて活用されます。

多くの中小企業では、目的とその活用方法が認識されていないため、作業標準が未だ整備されていません。作業手順を書き表したものはあるとしても、内容（作業）が標準化されていない、簡単すぎる、更新されていないなど、実質としては作業標準の活用はされていないようです。

このため、以下のような問題が発生してしまいます。

> ①作業者の作業方法のバラツキにより品質不良が発生する
> ②標準時間のバラツキにより出来高が不安定となる
> ③技術やノウハウ（技能）の継承ができていないことによる品質不良が発生する
> ④作業改善する場合の各担当、部署間の情報の共有が難しい

Ⅱ　働き方改革に必要な部門別職務分析手法の理解　171

⑤新人作業者に正確に指導・教育できないなどの原因によって、結果的に顧客の品質要求に応えられない、または不良品を顧客に流出させてしまう

　作業標準を作成することは現場の目標を設定することとなり、このような問題を発生させないための有効な手段となります。

(2)　作業標準の7つの要件

　第一に、作業標準は、これを守らなければならない関係者による主体的な議論によって作成されなければなりません。しかし、この議論の中で、本質的な解決策とはいえないような意見が多く出されがちです。例えば、一つひとつの作業を確実に行えば品質を維持できるにもかかわらず、安易に「後工程に検査作業や検査工程を追加し、不良の流出を防ぐ」といった意見です。これについて、本来であれば、「なぜ一つひとつの作業が確実に行えないのか」、「確実に作業を遂行するためにはどうしたら良いのか」と問い、不良を発生させた問題作業の真因を掴み、対策を講じることが必要でしょう。ですから、この解決のためには、次の4要素（科学的管理法の基礎となっている）に従い、策を検討することです。作業の改善には、特に①が重要となります。

①作業者の仕事の各要素について、科学を発展させ、旧式の目分量のやり方をやめる。つまり、厳重な規則を設け、すべての道具と労働条件とを完全にし、標準化する。
②科学的に作業者を選び、これを訓練し、教育し（一流の作業者とし）、かつ発展させる。
③科学の原理に合わせて、すべての仕事を行わせるため、管理者は作業者と心から協働する。
④仕事と責任とが、管理者と作業者の間にほとんど均等に区分（分担）される。

第二に、作業の素人化（誰でも作業できること）を目指して具体的、客観的に作成します。

第三に、現場の直接作業だけではなく、運搬や異常時の処置作業など標準化が困難な間接作業も含めて改善・標準化を行い作成します。

第四に、過去のクレーム、不具合およびトラブル（ヒューマンエラーを含む）となった原因に対する対策や、これらから予測される他の作業の問題点についても洗い出し、これらを未然に防止するための作業の標準化を行い作成します。場合によっては、製品の設計開発や工程設計などにも織り込みます。

第五に、現場には状態が変化する、あるいは意図的に状態を変化させたことによって不具合が発生することがあるため、通常、不具合の原因となる要因ごとの管理項目、管理方法や結果（不具合）の品質特性と検査方法が決められているので、これを織り込んで作成します。

第六に、作業標準は、経営環境の変化があっても、目的や目標を達成するために、常に改善し、標準化し、そして維持し続けることが必要です。一度作成した作業標準にこだわり、改善を阻害することがあってはいけません。

第七に、関係法規や他の規格、基準など標準類との整合性を常に図りながら作成します。

(3)　作業標準の作成手順

◆作業標準の定義

作業とは、対象物の物的・情報的な特性を計画的に変化させたり、観察・評価・処理したりすることです。具体的には、取り扱われる原材料の加工（変形、変質）、運搬、検査、監視、帳票処理などをいいます（JISZ8141）。つまり、作業者が遂行する行為のことを作業といいます。

そして、作業標準とは、作業条件、作業方法、管理方法、使用材料、使用設備その他の注意事項などに関する基準を定めたものです。

Ⅱ　働き方改革に必要な部門別職務分析手法の理解　　173

◆作業標準の作成手順

　生産現場ではQC工程表があります。QC工程表とは、製品の工程を原材料・部品段階から出荷までを、だれが、いつ、どのような方法で管理し、その結果がどうなったかについて、管理（点検）項目、品質特性、検査方法などの項目を一覧表にまとめたものであり、不良品を受け取らない、作らない、流さない仕組み作りに役立つものです。

　このQC工程表から、作業標準を作成していきます。作業標準とは、標準作業を行うための標準の総称で、必要な品質を備えた製品を作り込むための作業上の管理条件や作業方法を規定しています。例えば、QC工程表、品質チェック表、保全点検表などです。なお、この作業標準に含まれる作業方法は、要素作業までを対象とします。作業の分割段階における要素作業の位置づけおよび定義は図表4-7の通りです。

　例えば、課業を「組立業務」とすると、その下位業務である単位作業は、「取り付ける」「組み付ける」になります。さらにその下位業務である要素作業は、「チャックを持ってくる」「チャックを取り付ける」となります。そして、「チャックを取り付ける」であれば、その下位業務の要素動作は、「手を伸ばす」「つかむ」「チャックへ運ぶ」「さしこむ」「手を放す」となります。

　時間研究では、この要素作業までを観察、分析し、作業方法の改善や標

図表4-7　作業の分割段階

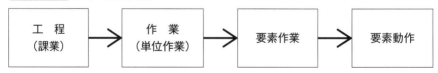

①課業：一定時間内になし終えるべき標準作業量
②単位作業：1つの作業目的を遂行する最小の作業区分（work unit）
③要素作業：単位作業を構成する要素で、目的別に区分される一連の動作または作業
※②、③は、JISZ8141の定義

準時間の設定などをしていきます。なお、時間研究の方法には種々ありますが、筆者はビデオカメラを活用します。まず、予備調査（撮影1回目）を実施し、動作を細かく観察し、目的や性質ごとに要素作業に分割し、観察用紙に書き出します。そして、予備調査で流れを確認したら、次に作業品質が安定し、作業スピードが速い作業者（熟練者）を5回ほど撮影し、分析します。また、熟練者だけでなく、他の作業者も撮影し分析をします。

◆作業標準書の作成ポイント

作業標準書は、作業標準を活用する従業員のためにわかりやすく作成される必要があるため、職場で使用している具体的な言葉で表現することになります。また、作業標準書は、作業の急所に基づいて作成されるものです。これらのことから、作業ではなく動作で示すことになります。

ここで、第2章Ⅱ節（P.113〜115）において触れた問題、つまり職務評価の対象職務をどこまで掘り下げるかと同じ問題が浮き上がります。職務分析を課業だけで終わらせるようでは正確な職務評価を実施することは難しく、単位作業まで掘り下げる必要があるように、作業標準においても同じように掘り下げることが求められます。

もっとも、作業標準書は、できるかぎり数値化するなど作業者の感覚に頼らないよう表現することが前提ですが、作業は数字で捉えられるものばかりとは限りません。例えば製品の外観など、数値化が不可能なものもあります。そのようなものについての検査（外観検査作業のような官能検査）では、作業者の感覚で判断が異なることを最小限に抑える工夫が必要となります。このため、限度見本を用意しこれを判断基準にすると同時に、教育訓練キットを制作し、定期的に作業者の判断の正確性を確認することが必要です。もちろん、作業環境を整備することなどは大前提であることは言うまでもありません。

Ⅱ　働き方改革に必要な部門別職務分析手法の理解　　175

図表4-8 作業標準書

作業標準書							
製品名	卓上ボール盤	製品番号		工程番号		工程名	
使用材料・部品 ボール、ベース、ワークテーブル、モータ、送りハンドル、ドリルチャック				試用機械・治工具 六角ベルト、固定ハンドル、木ハンマー、六角棒レンチ			
作業手順				主なポイント			
1. ベースにボールを立て、固定する				①取付けの方向を正しく（図面に従う） ②六角ボルト使用			
2. ワークテーブルをボールに取り付ける				固定ハンドル使用			
3. スピンドルにドリルチャックを取り付ける				①スピンドルおよびドリルチャック部の錆止めは、布にシンナーを含ませ拭き取る ②ドリルチャックのツメは完全に引っ込める			
4 モーター部をボールに取り付ける				①六角穴付き小ネジを六角棒レンチでしっかり固定する ②六角棒レンチ使用			
5. Vベルトを取り付ける				① Vベルトはプーリーに対し必ず平行にかける ② Vベルトの張り具合は、ベルトを指出押しつけ（5kg程度）10〜15mm位たわむ程度			
6. モーター部に送りハンドルをネジ込む							

年 月 日			③		作業標準番号	
承認	点検	作成	②			
			①		●●●●株式会社	
			回	年 月 日	変更記事	

2. 製造現場における直接作業を改善するための考え方と手法

　（作業）時間は、「動作・方法の影」といわれています。ですから、最も効率的な成果をあげるためにはどのような作業方法が望ましいかを追究するために、時間研究をする必要もあります。

　プロセス改善の視点として「5W1H法」と「改善のECRS」については本章I節（P.161〜162）で述べていますので、ここでは、観察した作業を改善し、標準時間を設定し、標準作業を作成するための考え方のうち、これら以外の重要な視点について説明します。

176　第4章　働き方改革のための新しい職務分析手法を活用した業務改善の実際

(1) モーション・マインド（動作意識）

　現場の個々の作業を改善するには、動作の違いに気づき、より良い動作に改善する必要がありますが、モーション・マインドとは、そのような行動をするための次のような心構えのことをいいます。

①動作の違いに気づく
②動作を正しく分析し、対象の動作にひそむ非合理性を見い出す
③動作の違いを明らかにし、良い動作を見い出す
④良い動作を設計する

　作業の改善は、単なる「動き」から価値を生む「働き」に変えることです。その実現のため、次のような着眼点（モーション・マインド十手）からムダ、ムラ、ムリを排除していきます。

①歩きレス、②手の移動レス、③持上げ動作レス、④ねじり作業レス、⑤方向変え作業レス（物の回転、反転、組立持替えなど）、⑥ジグザグ動作レス（作業中の手足の動作）、⑦神経疲労レス（指先、つまみ作業、眼が疲れる作業など）、⑧位置決め調整ロス、⑨位置不定ロス、⑩仮作業レス（仮組み、仮置き作業）

(2) 時間研究の結果を業務改善に活かすための着眼点

　観測結果は、次の4つの着眼点から検討します。

①不要な動作や、疲れる動作、仕事を遅らせる動作を徹底して省き、必要な動作だけで作業を再編成します。
②時間がかかっている要素作業を重点的に改善します。また、類似した作業や熟練者の作業の速さと比較し、作業方法を確認します。
③作業者個々の計測した時間値のバラツキが大きい要素作業の作業方法、動作あるいは作業者の判断状況の違いなどを確認します。作業

Ⅱ　働き方改革に必要な部門別職務分析手法の理解　177

者間の時間値のバラツキも同様です。

④計測した最小時間値に注目し、この時間が達成できる作業方法、動作や作業条件などを解明します。

　さらに、動作について、次の「動作経済の原則」（少・同・短・楽）の観点から細かな改善を実施していきます。

原則①　動作の数を少なくする（足を使って、手の動作を減らす。動作の順を変えて動作を減らす）

原則②　両手は同時に使う（同時に作業を始め、同時に終わる。両手動作は対称かつ反対方向）

原則③　移動距離を短縮する（材料、工具類は手の届く範囲に置く）

原則④　動作を楽にする（できるだけ慣性、重力を利用する。ジグザグ運動や急激な方向転換を要する動作より自然な動作）

(3)　標準時間の設定の重要性

　これまでに述べた着眼点によって改善された作業は「標準作業」となり、これにかかる時間を標準時間といいます。標準作業では、①作業順序と作業上の留意点、②部品や工具の位置と置き方、③身体の向きと位置、身体部位の活用方法（両手の同時操作など）、④治具などの活用、⑤照明の整備（方向と照度）が決められています。

　これで決まる標準時間とは、「その仕事に適性を持ち習熟している作業員が、普通の作業環境と決められた作業方法と条件のもとで、正常なペースにより、所定の仕事を行うために必要とされる時間」のことをいいます。なお、標準時間の設定には、観測した時間をワークサンプリング法などの手法でレイティングする必要がありますが、ここでは省略します。

　標準時間は、各作業者の目標値となりますが、それ以上に重要なことは、この標準時間を定量的な経営管理において活用することです。この標

178　第4章　働き方改革のための新しい職務分析手法を活用した業務改善の実際

準時間があれば原価を予算化（標準原価）でき、またこれと実際原価との差異を分析できます。当然、設備投資、治工具の開発やレイアウト改善および生産ライン編成の効果も標準時間で評価することができます。多くの中小企業がこの重要性にまだまだ気づいておらず、これが生産性の向上を妨げている1つの要因といえるかもしれません。

　なお、既述の通り、プロセス展開表の縦は、業務ごとの作業（職務行動）を手順に沿って具体的に書き出します（P.78、P.148参照）。書き出していく職務行動は、作業のコツ（勘所）や重要な着眼点、困難な点などです。そして、これの単位作業（例えば、A-1, 2, 3, 4…）だけを抜き出せば「業務手順書」になりますし、単位作業を更に深く掘り下げ、要素作業レベル（A-1-1, A-1-2, A-1-3…）に展開すれば「作業標準書」の基礎資料にもなります。

3. 事務作業を改善するための考え方と手法

(1) 事務工程分析と改善の着眼点

　製造部門には、組立てなどの作業のほか、事務作業もあります。例えば、資材購入業務は、供給業者に発注するという行動が必要です。発注するには「電話をかける」「注文書を発行する」などの事務作業が必要です。このような事務作業の手続きにも、現場作業と同様に能率が求められますが、これを改善するために事務工程分析（図表4-9）という手法があります。

　「プロセス展開表」によって、手続き（事務作業）の流れ、および作業に必要な判断レベルは明らかになりますが、事務工程分析は手続きの流れだけでなく、手続きに関連する組織や、手続きに活用される帳票類などが図示され明確になることから、分析作業が容易になります。

　また、事務工程分析における改善の着眼点の導出にも、作業改善と同様にECRSが活用できます。またECRSの視点以外に、
①事務作業以外の事務工程（運搬など）は最小限に抑えられているか

図表 4-9 事務工程分析（例：購買品の受入手続）

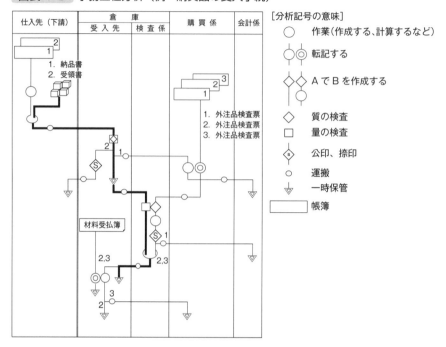

②直接の担当者が起票（起案）しているか
③転記は最小限に抑えられているか
④停滞は最小限に抑えられているか
⑤過剰なチェック（検査・審査）になっていないか
⑥流れが複雑化あるいは無駄に長くなっていないか
⑦例外事項・例外処理が多くないか
⑧必要な時にすぐに取り出せるようになっているか
⑨だれでもできる手続きになっているか
⑩作業を分業する方が熟練度が上がり生産性を向上することはできないか
という着眼点が必要です。
　また、帳票や台帳についても、
①間違いを起こしてしまうような類似帳票はないか

②複写（控え）枚数は削減できないか

③帳票は合理的なレイアウト設計になっているか

などの着眼点も必要です。

　以上のような着眼点は、事務の正確性、迅速性、容易性、簡素性から導かれますが、これらの着眼点をもって改善策が図られた後に機械化（情報システム化）することでさらに合理化されることになります。

⑵　業務（事務）量調査・分析と改善の着眼点

　事務工程分析により事務作業の流れを改善することで、一作業（事務単位）あたりに要する時間が削減でき、適正な処理時間が設定できます。製造現場の直接作業に標準時間という概念があるように、事務作業にも「要する時間（基準時間）」があり、業務量とこの基準時間によって適正な職務配分が可能となります。また、業務量調査によって、実際の処理時間と基準時間とを比べることで能率評価ができます。

　なお、業務量調査についても、作業改善における場合と同様に時間研究（測定）というやり方もありますが、作業担当者に自分の処理時間を思い出させる経験的推定法というやり方もあります。いずれにしても、「職務分担調査票」（図表 4-10）などを用いて、プロセス展開表で定められた業務コードごとの

①経験年数

②発生区分（定期・不定期）

図表 4-10 職務分担調査票

業務コード	課業	単位作業	発生区分	発生サイクル	業務区分	処理件数			処理時間／件			年間所要時間	備考
						最大	平均	最小	最大	平均	最小		

（上部に「（職務）」欄、右上に「作成者」「作成日」欄あり）

③発生時期（日・週・月・年など）・回数
④業務区分（固定、変動）
⑤処理量（最大、平均、最小）
⑥所要時間（単位あたり最大、平均、最小）
などを調査します。

◆業務量調査・分析の実際

　業務量調査・分析の第1段階は、課業（単位業務）の単位あたり所要時間を分析することです。そのためには、課業の内容を検討し、その課業の所要時間は何を単位に測定すべきかを決定します。伝票処理であれば、伝票1枚を処理するのに要する時間を計測すればいいので、伝票1枚が単位となります。

　測定単位が決まれば、測定単位あたりの課業を標準者が遂行するのにどれだけの時間を要するかを調査します。その手段は、一つひとつの作業を標準者にさせて、その時間を測定する方法もありますし、重要業務についてのみ精度の高い調査を行い、さほど重要でない他の課業に応用する方法もあります。また、面接によるヒアリング調査を行い、設定する場合もあります。

　なお、単位あたり所要時間を測定するにあたって注意すべき事項は以下の通りです。

①標準者の所要時間を測定する
②重要課業、業務量が多い課業、問題がある課業、業務量について意見の不一致が予測される課業についてのみ時間測定を実施する
③現状の業務処理方針、規程、手続き、慣習に基づいて業務処理に要する所要時間を分析する
④課業の単位あたりの所要時間が対象によってばらつく場合は、対象ごとの所要時間を測定する。ただし、対象の種類が多い場合は、所要時間の長短によって、いくつかのグループに分類し、グループ別

平均所要時間を測定する

⑤課業の単位あたり所要時間を決めるにあたり、2つの課業を同時に遂行する場合には、いずれか一方の課業の所要時間を修正し、所要時間が重複しないように注意する

⑥単位あたり所要時間の測定にあたっては、余裕時間（作業余裕、職場余裕など）は除外し、正味作業時間を計上する

◆業務（事務）量調査を基にした改善の着眼点

業務量調査の集計結果を分析し、改善するにあたり、次の着眼点を持っておく必要があります。

①職場として重要な作業に十分な時間をかけているか
②単位あたりの作業時間は適正となっているか
③担当作業を遂行するにあたり、作業担当者の能力は相応しいものとなっているか
④作業の分担（配分）が適正になされているか
　（作業が細かく分散し、適正に分担されていない場合は、事務の流れが複雑化します。）

いずれにしても、事務工程分析や業務量調査・分析の結果を活用し、業務改善によって事務能率を向上させることが求められます。事務が「もっと早く、もっと安く、もっと正しく、もっと楽に、もっと美しく、もっと安全にできる」ようになることが目標です。この観点からも改善の着眼点は多く出てくるはずです。

ここまで、製造現場における直接作業と間接作業の改善の手法と着眼点について解説しました。特に、直接作業に対して活用する改善手法は、間接作業の中の事務作業の改善にも活かせるということは重要な視点です。具体的には、作業方法（標準作業）、作業の頻度、処理時間帯、単位あた

Ⅱ　働き方改革に必要な部門別職務分析手法の理解　　183

りの平均所要時間（あるいは標準時間）および月間、年間での平均所要時間を確認することで、均衡のとれた職務が編成できるということです。

なお、前述した通り、これらの改善は、これからの労働力人口の減少と労働時間の短縮が求められる中で、短時間正社員や在宅勤務社員を含む多様な働き方と生産性向上を同時に実現するためにも、実施する必要があるものといえます。

2 営業職務、設計開発職務における職務分析手法とその活用方法

営業部門や設計開発部門などホワイトカラーの業務改善・改革の手法とその着眼点について解説します。

1. ホワイトカラーの生産性向上が難しいとされる理由

ホワイトカラーの労働生産性は、この向上の度合いが見えづらいとされてきました。理由としては、まず組織を第一義として機能の集まりと考えず、人を中心に組織を捉えることが多いことが挙げられます。また、職務を規定していないことから、行動責任（義務）や結果責任が曖昧にならざるを得ず、その結果、努力した時間を評価して欲しいとする日本人的組織観や勤労観と相まって、ホワイトカラーの生産性向上の妨げとなっているともいえます。ホワイトカラー・エグゼンプションへの抵抗は、この延長線上での論議に終始しているように筆者には感じられます。

しかし、現在の企業を取り巻く経営環境の変化および雇用政策はこの曖昧さを許さない状況にきており、今後、企業において真剣な取組みがなされていくことになるでしょう。

2. 営業職務の改善の考え方と進め方

(1) これまでの営業スタイル

いわゆるホワイトカラーの改善・改革は、成果が製品（物）として見え

184　第4章　働き方改革のための新しい職務分析手法を活用した業務改善の実際

る製造現場と比較すると、なかなか進まない傾向にあります。これは、営業は創造的な仕事であり、また対人間関係が成果を左右することから、「製品よりも自分を売り込め」と個性を重視した一匹狼（野武士ということもある）的な動きを重視していること、そしてそれゆえ仕事のやり方を標準化することや上司から管理されることを避けがちであることから起きています。これは、全社改善・改革活動の最後の難関ともいえます。業績が低迷している会社では、営業に対してこのような考え方をしていることが少なくありません。まるで経験・勘・コツを重視した一昔前の職人の世界のようです。

　このような会社の営業方法は、個人の裁量に任されていることが多いため、市場調査、顧客管理、競合管理ができておらず、その結果、売上予測（受注）もほぼ立たないため、感覚的・浪花節的（非科学的）な管理となっています。情報やデータがあれば容易に営業効率が上がるところを、価格などに他責化し、遠回りどころかまったく成果に結びつかない行動を営業社員に日々させています。

(2)　これからの時代に求められる営業スタイル

　今後は、かつてよりマーケットが成熟、あるいは縮小していくことが見込まれるため、これまでのようにただ客先を回って御用聞きをしていれば売れるという時代ではなくなっています。売れないことに対し、営業社員に単に発破をかけるよりも、なぜ売れていないかという原因を追究し、解決策をプロセス（行動）に反映させていかなければなりません。

　アメリカ・マーケティング協会は、2007 年にマーケティングの定義をしています。「マーケティングとは、顧客、依頼人、パートナー、社会全体にとって価値のある提供物を創造・伝達・流通・交換するための活動であり、一連の制度、そしてプロセスである（Marketing is <u>the activity, set of institutions, and processes</u> for creating, communicating, delivering, and exchanging offerings that have value for customers, clients, partners, and society at large.)」。これは、顧客価値創造のためには、制度とプロセス

Ⅱ　働き方改革に必要な部門別職務分析手法の理解　　185

（過程）が必要なことを明確に定義しています。また同時に、この制度とプロセスをコントロールするためのシステムの確立が求められるのです。

このためには、まずはマーケティング・営業プロセスを明確にすることが必要です。そしてそのためには、プロセス展開表を作成し、誰もが最低限、同じ流れで営業活動できるようにし、各プロセス（業務あるいは役割行動）で、進捗あるいは行動に違いが出た際、その原因に気づくようにすることが必要です。

プロセスを「見える化」することによって、個々の営業社員の営業活動が停滞するなどの異常が早期に発見できるようになり、管理監督者にとっては、異常の原因を追究する良い機会となります。これがさらなるプロセスの改善ための原動にもなるわけです（問題解決が進めば、高業績者の行動分析を行い、これをベスト・プラクティスとしてプロセス展開表の役割行動に落とし込みます）。

これは、製造現場の技能を作業標準で形式知化していくことと同じで、多くの活動は標準化できることを示しています。

これに対して、目標達成していない多くの営業社員は、自身で解を導き出せないにもかかわらず、「どうして自分の営業方法を他の者に見せなければならないんだ」、「やり方なんて顧客によって変わるのだからプロセスを決めるなんて意味が無い、営業は結果がすべてなんでしょ」と平然と口にします。このような営業社員に対して遠慮している（営業社員の抵抗にあい、業績への影響を恐れる）経営者であれば、改善に着手すらしないことも珍しくありません。

しかし、これからの営業スタイルは、単なる御用聞きではなく、顧客がまだ気づいていない潜在ニーズを見つけ出し解決策を提案する、つまり顧客満足を追求する（マーケティング）提案営業スタイルに転換していくことが重要です。そうすることで、他社との差別化を図ることができるのです。

(3) 営業のプロセス管理

　営業の基本プロセス（業務第1階層）およびサブ・プロセス（第2階層）の例を示すと、図表4-11のようになります。

　また、「市場調査業務」における「顧客動向調査業務」は、さらに「仮

図表4-11　営業の基本プロセスおよびサブ・プロセス

		A	B	C	D	E	F
1.	市場調査	市場動向	顧客動向	競合動向			
2.	販売計画	中長期販売計画	年次販売計画	月次販売計画	販売実績分析		
3.	販売促進	拡散計画	顧客分析	新規訪問	広告宣伝	接待	
4.	価格政策	価格決定依頼	原価見積り	他社価格調査	販売価格決定		
5.	販売活動	顧客訪問	見積り	受注業務	契約	納期管理	重要顧客対応
6.	代金回収	売上計画	請求	回収計画	回収	残高処理	
7.	与信管理	信用調査	与信限度の決定	取引条件管理	債権の保全		
8.	顧客管理	エンドユーザー管理	販売店管理	特約店管理	特別需要管理	輸出管理	

（第1階層↓　第2階層→）

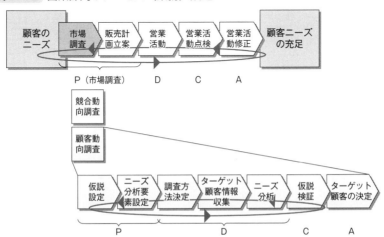

図表4-12　営業部門のプロセス（業務）設定

説設定」から始まり「ターゲット顧客の決定」という業務に落とし込まれます。このように営業部門であっても、プロセス（業務）を設定することができるのです（図表4-12）。

なお、顧客への営業の流れは、顧客の購買プロセスに応じて順次連続して提供されるサービスの流れでもあります。例えば、営業活動プロセスは次のように展開できます。

①引き合い客への情報の提供　→　②ニーズのヒアリング（初回訪問）　→　③キーマン（複数名）へのアプローチ　→　④提案　→　⑤競合情報（相見積）の確認（予算の確認）　→　⑥見積の提示　→　⑦キーマン根回し・決裁者訪問　→　⑧受注条件の確定　→　⑨内示あるいは受注（契約）　→　⑩契約の遂行　→　⑪納品および遂行内容の確認

なお、営業活動をプロセス展開表の事例で示すと図表4-13（X社）のようになります。

この営業プロセス（展開表）の中で、得意先や営業地域を変更しても安定して目標を達成できる実力のある営業を標準者として選び、この営業社員が、普段どのように情報を収集（発信）し、どのような思考プロセスで問題に気づき、どのようなフレームで考え、行動（発言・交渉）を起こしているのかなどを細かく分析し、作業標準として書き出します。

業績が低迷する企業の場合、目先の売上（顧客）に振り回されることでマクロ的な視点が欠け、市場動向、顧客動向、競合動向を把握できていないことが多くあります。このためのマーケティングに関する知識の有無は別として、少なくとも会社が設定した課題に関する情報を顧客から収集するよう指示し、普段の営業活動（プロセス）に織り込み、営業行動を規定しておくことが重要です。このような簡単な行動であったとしても、これまで自己流で営業を行ってきた社員はなかなか素直に従いませんが、まずは行動を規定しなければ何も変わらないことは間違いありません。

また、営業プロセスの洗い出しによって、課業および職務行動の難易度を明らかにすることができると同時に、そこに適性のある営業社員に役割分担させることができるようになることから、営業効率も向上します。例

188　第４章　働き方改革のための新しい職務分析手法を活用した業務改善の実際

図表4-13 X社　営業活動のプロセス展開表例

A	B-1	B-2	C	D-1	D-2	E-1	E-2
前準備	客先訪問		引合い情報	提案		レイアウト、見積書作成	
訪問予定表作成	前情報の確認	商品提案	設備予定時期、規模	工場環境条件確認	合理化の提案-2	技術部と打合せ	運搬据付試運転見積
月間予定表（出来れば週単位で）の作成と見直し。移動コストを考えて予定を組む。顧客リスト、担当リスト、××組合名簿、食品メーカーガイドなど。（各自で作成）	前回訪問時の内容を営業日報や担当者に確認する。また、アプローチ方法など上司と相談する。名刺、メモ、スケジュール手帳の使用。	新規開拓時には、必要に応じ、試作、話題になっている他社商品などを集め、商品企画の提案をおこなう。	現状の生産状況、販売状況、今後の設備更新予定などから引合いの可能性を探る。設備の耐用年数や同業者の噂話から聞きだす。	現設備の内容、メーカー、その評価を踏まえ、設置予定スペース、天井高、現在の装置、搬入経路など、実測。仕様書作成のチェックシートを作成。	ニーズに合わせた省力化、合理化を客先設備予算を踏まえて提案できる。（開発品が含まれると責任とリスクが大きくなる）	標準外仕様、オプションについては詳細を事前に技術部と打ち合わせる。	運搬：××工業据付、試運転：メンテ部に積算依頼。（業務依頼書の発行）
理解力	理解力	企画力	交渉力	理解力	開発力	理解力 協調性	理解力
話題、紹介資料整理	身だしなみ、言葉使い	業界・社会最新情報	競合メーカーの把握	製造条件を把握する	環境ユーティリティ提案-1	レイアウト依頼/チェック	
開発装置、工場で省エネデーター、衛星、安全、業界の話題など、セールストーク用の資料を自分で動いて収集し、営業ツールを作成する	身だしなみ、姿勢、挨拶、必携品などの基本マナーができているか。必携品：名刺、メモ、スケジュール帳	××業界、食品業界、流通、経済の最新情報を収集する。業界新聞・月刊誌・一般新聞・各メーカー、流通動向などを読む。	キーマンに現在の設備メーカーと評価、また、キーマンの頭の中にある競合メーカーを聞き出す。	商品、生産能力、●●率、△△、□□時間、▽▽、××、○○時間、包装形態などをチェックする。（■■一覧表を活用する）	安全、衛生関連として、××設備、冷媒配管、冷却ユニット、サーボモータ仕様など、既存企画製品の提案する。	製造条件など必要事項を書面でまとめ、営業技術もしくは工場設計と提案内容を協議。期日を決め、レイアウト作成を依頼し、チェックする。	
判断力	規律性	積極性	交渉力	理解力	創意工夫	交渉力協調性	
会社規模、状況把握	会社、製品案内	日報、出張清算書	客先ニーズの把握	品質条件を聞き出す	環境ユーティリティ提案-2	見積価格算出	
規模、従業員数、売上、取引先、会…	会社案内・製品パンフレット・各…	日報の作成。誰とどんな内容の…	客先が希望する工場運営に対する…	製品品質に関わるノウハウで、設…	客先の要望に合わせて、既存製…	A機…積算表 ××機…×…	

えば、能力不足の営業社員に、根性論を唱えて新規開拓業務を任せたところで、（仮に本人に忍耐力がついたとしても）、顧客には当該企業以外の企業や商品に対する多くの選択肢があるため相手にもしてくれません。しか

図表4-14 営業プロセス別営業能力

	営業案件1	営業案件2	営業案件3	営業案件4
交渉の始まり (問題の把握)	上級営業社員			
活動計画策定		中級営業社員		
企画提案			中級営業社員	
成約(契約)				営業責任者
納品・フォロー				初級営業社員

し、業務の難易度に合わせて、例えば新規開拓であれば、まずは実力のある営業社員に任せ、商談が軌道に乗り始めたところで他の営業社員にバトンタッチしていくなど、案件別の営業プロセスに応じて適切な営業社員を投入することができれば、より成果に結びつけることができます(図表4-14)。

あとは、経営者および営業管理者の力量が問われます。営業の質の向上を目指す、つまり顧客および事業上の期待要件をより満たそうとするならば、「品質はプロセスで作り込まれる」といわれるように顧客の視点でプロセスを改善し続けることが重要となります。

(4) 営業活動における業務分析の方法と改善の着眼点

製造現場で実施するような時間研究(営業活動時間調査)も、営業活動分析として定期的に実施することが必要です。

例えば、商談や企画提案書作成であれば能動的営業時間といえますが、クレーム対応は受動的営業時間となります。移動時間や事務処理などの社内業務時間は業務としては必要ですが、できる限り能動的営業時間を増や

し、1件でも提案、1件でも新規開拓の時間にすることが重要です。このため、営業社員一人ひとりの受動的営業時間の発生原因を追究し、対策を講じることが必要となります。

また、社内業務時間の中で、打合せ時間や事務処理時間が多い場合は、打合せ内容とその発生原因、事務処理時間が多い原因の追究や事務処理手順の再確認などをすることで、これらの時間短縮を図ることができます。

次に示すのは、あるメーカーの営業社員の営業活動時間の調査表（図表4-15）と業務別集計結果（図表4-16）です。

この調査からは、あまりに受動的な営業活動が多いために能動的な営業活動（表中①〜⑤）が全体の10.3％と非常に乏しくなっていることがわかります。これは、経営戦略（計画）が不明確なため、顧客の重点化もできておらず、また計画的な教育もなされず、一匹狼的な営業社員を育ててしまった結果です。

営業部門は製造部門にとっての前工程であり、営業社員の不明瞭な製造部門への指示は製造品質に直結しています。当然、このメーカーでは不良も多くなっていました。これが負のサイクルとなり、ますます能動的な営業活動ができなくなり、このような結果になるのです。また、調査結果から、営業社員が市場調査情報収集に時間を費やしているのはごく僅かであることが見て取れます。その結果、経営幹部に新しい市場情報が入ることは少なく、このため戦略を打ち出すことも困難になっていました。

また、営業生産性は、能動的営業活動の量（時間）だけではなく、その質も問われます。これは、製造現場でいえば、歩留まり率の向上ということになります。

営業の質を高めようと思えば、知識とスキルが求められます。これを全体として引き上げるためには工夫が必要で、それぞれの営業社員に体験を語らせながら、個々が持つ情報や経験（ノウハウ）を吸い上げ、「アプローチ・ブック」に集約していくなど暗黙知を形式知化していくことも重要です。さらに、これを継続的に実施してくためには、プロセス展開表に書き表し、確実に業務として実施できるようしておくことも必要です。

Ⅱ　働き方改革に必要な部門別職務分析手法の理解　　191

図表4-15 営業活動調査票

営業活動調査票記入方法
1. 活動内容には、下欄又は別シートにある選択項目①～⑲から選択、その他⑩、⑲の場合は番号の後に具体的に内容を記してください。
2. 社外業務①～⑪については、訪問先名を（○○会社）と記してください。
3. 毎日、時間を集計してください。最後に、日付右の【 】内に訪問社数を記してください。

○○月 ○日【訪問社数 4社】　　　　　　　　　　××月 ×日【訪問社数 0社】

時刻	活動内容		時間	時刻	活動内容		時間
8:00				8:00			
	⑭電話対応（対顧客）		30		⑭電話対応（対顧客）	××工業㈱	20
9:00	⑪移動		30	9:00	⑲その他（右欄に詳細記入）	工作表作成	15
	①商談	（××工業）	30		⑭電話対応（対顧客）	㈱××商事	10
					③商品説明		10
10:00				10:00	⑭電話対応（対顧客）	㈱××	10
					③商品説明		10
	⑪移動		30				
11:00	①商談	（△△製作所）	60	11:00	⑲その他（右欄に詳細記入）	見積り	60
						工作表作成	
12:00	⑩その他（右欄に詳細記入）	休憩	60	12:00	⑲その他（右欄に詳細記入）	休憩	60
13:00	⑪移動		30	13:00	⑯資料作成	○○ビジネス商談会	60
	③商品説明	（AB工業）	30		⑭電話対応（対顧客）	××工業㈱	10
14:00	⑪移動		30	14:00	⑮電話対応（対社内）		15
	⑤新規開拓	（XY製作所）	30		⑦苦情処理	××××㈱不良対応	10
15:00	⑪移動		30	15:00	⑮電話対応（対社内）		10
	⑯資料作成		60		⑲その他（右欄に詳細記入）	工作表処理	15
16:00				16:00	⑭電話対応（対顧客）	×××㈱	10
					③商品説明		5
	⑭電話対応（対顧客）		15				
	⑮電話対応（対社内）		15				
17:00	⑯資料作成		60	17:00	⑲その他（右欄に詳細記入）	メール返信、見積り、工作表作成	240
18:00	退社			18:00			
19:00				19:00			
20:00				20:00			

社外業務	①商談		90	社外業務	①商談		
	②販売促進				②販売促進		
	③商品説明		30		③商品説明		25
	④調査情報収集				④調査情報収集		
	⑤新規開拓		30		⑤新規開拓		
	⑥回収				⑥回収		
	⑦苦情処理				⑦苦情処理		10
	⑧納品				⑧納品		
	⑨接待				⑨接待		
	⑩その他(右欄に詳細記入)		60		⑩その他(右欄に詳細記入)		
	⑪移動		150		⑪移動		
社内業務	⑫会議・打合せ			社内業務	⑫会議・打合せ		
	⑬会議・打合せ(対技術・製造)				⑬会議・打合せ(対技術・製造)		
	⑭電話対応(対顧客)		45		⑭電話対応(対顧客)		60
	⑮電話対応(対社内)		15		⑮電話対応(対社内)		25
	⑯資料作成		120		⑯資料作成		60
	⑰来客対応				⑰来客対応		
	⑱教育訓練				⑱教育訓練		
	⑲その他(右欄に詳細記入)				⑲その他(右欄に詳細記入)		390
		合計	540			合計	570

図表4-16 業務別集計結果

		構成比1	構成比2	構成比3
社外業務	①商談	5.8%		
	②販売促進	0.5%		
	③商品説明	2.1%		
	④調査情報収集	1.1%		
	⑤新規開拓	0.9%	10.3%	
	⑥回収	0.1%		
	⑦苦情処理	0.9%		
	⑧納品	2.1%	3.1%	
	⑨接待	0.0%		
	⑩その他	2.3%	2.3%	
	⑪移動	32.5%	32.5%	48.2%
社内業務	⑫会議・打合せ	5.0%		
	⑬会議・打合せ(対技術・製造)	1.0%		
	⑭電話対応(対顧客)	11.0%		
	⑮電話対応(対社内)	4.5%		
	⑯資料作成	7.0%		
	⑰来客対応	1.1%		
	⑱教育訓練	0.0%	29.6%	
	⑲その他	22.2%	22.2%	51.8%

Ⅱ　働き方改革に必要な部門別職務分析手法の理解　193

この他にも、特に営業部門は他の部門とは異なり、ルールに従わず口頭で解決しようとする傾向にあったため、営業部門を中心とする各部門とのやり取りが複雑になり、派生的問題が生じることが多発していました。

そこで、この会社では営業部門と他部門とのやり取りを記録し、やり取りの内容を洗い出し、整理し、そのやり取りをしなければならなかった原因を追究し、対策を講ずるという改善に取り組むことにしました。

調査の結果、営業部門と製造部門とのやり取りが週に50件にも及び、時間に換算すると250分も費やしていることがわかりました。この間、営業も製造も本来の業務ができず、全社的に生産性が低下していました。そして、この原因の多くが、営業社員の知識不足と作業標準（特に製品規格）の曖昧さにあることが判明したため、品質保証部と開発部で製品に関する試験を作成し、個々の営業社員の能力を把握することとしました。また、新たに教育システムを構築し、順次教育を進めることにしました。

このように、業務を分析することで、日常何気なくやっている業務の中から生産性を低下させている原因を見つけ出すことも、その対策をとることもできるのです。

◆営業管理職の役割

プロセス展開表に行動を規定したからといって、部下がすぐに行動を見直し、従うことはほぼありません。このため、上司たる営業管理者には次の部下管理が求められます。これらの細やかな管理が部下を目標達成に導くことを忘れてはなりません。将来を見据えた万全のプロセス、システムを整えたところで、これを動かせるのは適性を持った営業社員なのです。

①日報管理

日報を提出させ、訪問計画との差を分析しながら、行動を掴みます。月間の活動全体を通じた分析をしなければ行動把握はできません。

②受注伝票管理

受注商品内容、受注アイテム数等が得意先に見合ったものかなどを調べ、販売活動内容を推察します。保留、カット、返品（赤）伝票の内容を

把握し、原因を追究、対策を検討させます。

③個人面接

帰社後の部下との個人面接で、報告させたり、聞いたりして情報を掴みます。訪問先の状況、販売の仕方や相手の反応等を細かく聞き出し、指導をします。

④同行訪問

これまでの分析を踏まえ、部下との同行訪問により、日常の営業活動状況と教育訓練の成果（行動の変化）を把握します。

⑤独自訪問

部下の重要得意先に管理者自ら訪問し、得意先から見た営業社員の活動の実態を、最も大切な得意先の「生の声」を聞いて掴みます。

3. ソフトウェア開発に関わる職務における改善の考え方と進め方

この職務には、プログラマー、システムエンジニア、画像処理オペレーター、設計技術者などがいます。労働集約型で長時間労働は当たり前という職務でしたが（プログラム開発の生産性が向上しているのかどうか実情は明らかではありませんが）、最近の大手ソフトウェア開発会社の働き方改革への取組みの成果もあり、少しずつ改善されています。

一般的には、職務経歴書（スキルマップ）等に記録された開発実績によって担当プロジェクトが振り分けられ、その成果は、プログラムの品質、および結果としての投入工数に明確に表れます。このように、職務遂行の結果は明らかで、非常に論理性が求められる職務なのですが、製造職務とは異なり仕事の途中経過が見えにくいことや、（若い技術者が多く管理監督能力があまり高くないことが想定されるうえに、開発プロジェクトおよびプロジェクト間におけるチームワークが強く求められるため）取組み姿勢という非常に属人的な要素や、その時々の技術者への（主観的な）期待値が高く評価されることが少なからずあります。

また、ソフトウェア開発会社がやっている業務とは、仕事の完成基準が曖昧なまま技術者ひとりの労働力を月単価（労働時間に幅を持たせた業務

Ⅱ　働き方改革に必要な部門別職務分析手法の理解　　195

委任契約）で派遣するビジネスであることも多く、そういった場合、技術者自身も、技術者を派遣する会社としても、生産性を向上しようとする努力を怠る傾向にあるようです。

　このような技術者の生産性向上の改善方法としては、過去に設計したプログラムを保存しているサーバー内のデータや要求仕様書などを５Ｓ活動の中で「見える化」しておくことです。これは、この職務に限らず当然に必要なことです。

　もちろん、知識は教育しなければ修得できませんが、教育後に同じプログラムを同時に何人かに実施させ、その出来栄え（プログラム内容や投入工数）を確認することは重要な作業といえます。その目的は、それぞれのプログラム内容の違いについて一つひとつ原因を追究し、この違いが知識の過不足にあるものなのか、知識の体系化の有無によるものなのか、論理的思考力の違いによるものなのか、あるいはパーソナリティによるものなのかなどを確認するためです。

　上記を踏まえ、ソフトウェア会社によっては、単なるプログラミング言語の教育をするだけでなく、より実践的に架空のプロジェクトを想定した教育を実施し、日々評価を行い、細かく指導することで新人技術者の早期育成を実現している会社もあります。

　ある程度成長した技術者にとっては、仕様書を見てプログラミングできるのは当然であり、むしろわからないことがあったら積極的に確認することやリスクを予見することが必要になってきます。このため、各技術者の能力レベルを評価し、課題を見い出したうえで、それに見合った開発プロジェクトを準備するなどの工夫も必要です。

　これを技術者のセンスや経験年数に基づく熟練度といった曖昧な尺度だけに頼ることは、もともと放任的なマネジメントになりがちな業界のため非常に危険であり、このためにも科学的な視点から教育訓練に取り組むことが必要です。

　例えば、上級の技術者であれば、プログラミング前に設計や仕様を調べることに時間をかけ、プログラミングにかける時間が短くなります。使用

するプログラム言語に限らず、慣れた方法に固執せず、より早く目標を実現するためのツールや手法を積極的に取り入れ、効率的なプログラミングをします。したがって、プログラマー職務の改善の着眼点は、この上級技術者を標準者と見なして、作業手順やこの背景にある思考方法について細かく分析し、作業標準を書き出すことになります。こうすることで、今後の教育訓練の質も高めることができます。もっとも、標準者の一つひとつの言動を科学（追究）することを忘れてはいけません。

同時に、教育訓練計画から教育訓練実施と修得度のチェック、および日々の実務における管理監督者による管理（目標設定から評価、指導）を徹底することができれば、生産性を向上させることができます。この手法も、製造部門における改善方法を応用しているものです。

4. 製品設計開発に関わる職務における改善の考え方と進め方

設計開発部門については、標準図面を製作することが最も基本的な職務です。ただ、多くの設計者は、独自性へのこだわりが強く、常に新しい物（製品）を追求し、新しい物（部材）を利用しようとします。これは、設計者としては当然のことですが、場合によっては顧客要求から離れていき、コストも高くなることがあります。さらに、設計者によって製図方法も違うなど、過去の図面を活用できなくなっていることもあります。

これを避けるためにも、購買部との連携によるコストダウンのほか、設計部門としては、「設計標準」をまず作成し、この教育を全設計者に徹底させることが重要となります。このため、プロジェクトを結成し、標準図面の改善（コンパクト化、モジュール化、コストダウンなどを活動テーマと設定）を定期的に進めることが必要です。

そして、製造部門の作業標準を作成するためにしたのと同じように（過去のクレーム・不具合およびトラブル（ヒューマンエラーを含む）となった原因の追究、これから予測される他の問題点についての洗出し、未然防止策の検討など）、設計標準についてもこれらを丁寧に追いかけ改善に活かしていくことが重要です。

Ⅱ　働き方改革に必要な部門別職務分析手法の理解　　197

このほか、製品構造図から固定・変動分析（スペックの変動に対し、どの部位が変動し、どの部位が変動しない（固定）のかを可視化する手法）を活用し、標準化、モジュール化していく方法があります。

この分析によって、固定品目については、スペック変動に影響を受けないため、すべての製品バリエーションで共通化が可能な部品であるということがわかりますし、変動品目については、スペック変動により異なる部品が必要になるということがわかります。したがって、最大スペックの種類分の異なる部品が必要になりますが、これも集約を試みることで部品種類数を削減することができます。

それから、設計管理者は、受注案件の要求仕様を確認し、工数計画を立て、技術者のレベルに応じた分担を配分するほか、設計標準に従い設計しているかどうかについて日々管理し、設計者の知識・スキルの確認と指導に努めなければなりません。これらは、先に述べたソフトウェア開発における技術者にも共通するところです。

上記のような基本的な業務以外に、設計開発職務には最も重要な業務があります。それは、技術動向の予測はもちろん、何よりも市場のニーズをいち早く感知し、保有ニーズを活用し、競合他社よりも早く製品を開発あるいは改良し市場に投入することです。

基礎研究業務であったり、資金的余裕があったりするのなら話は別ですが、製品開発においてニーズを絞り込まずに開発することは経営資源の最大の無駄となります。これを避けるためにも、「営業支援業務における販促ツール（サンプルなど）制作」、「客先プレゼンテーション」、「クレーム処理」などを通じて、顧客要求を直接確認するというプロセスが重要であり、また、これを徹底するためにも、職務分析の過程において「プロセス展開表」に明記しておくことが求められるということになります。

3 職務分析を働き方改革に活かす方法

職務分析手法である「プロセス展開表」で業務を洗い出し、会社の目

198 第4章 働き方改革のための新しい職務分析手法を活用した業務改善の実際

的・目標の達成に向けて業務を改善・改革するための考え方とその手法について解説してきました。特に、業務改善の原点においては、科学的視点からどのような調査（研究）を行い、分析し、いかに標準を設定し、そしてこれをどう実現していくか（対策立案）が重要でした。また、この改善方法は、製造現場における直接作業だけでなく、ホワイトカラーが遂行する業務に対しても応用できることも確認しました。

　そこで、上記の改善・改革手法を活用した結果として、「多様な働き方」と「生産性向上」とを同時に実現できた例として、製造業A社のケースをご紹介します。

1. 製造職務における職務分析と職務再編成

(1) 時間研究・動作研究の実施

　製造現場の直接作業については、ビデオカメラを活用し、動作を細かく観察し、観察用紙に書き出すこととしました。

　まず撮影ですが、作業品質が安定し、作業スピードが速い熟練者に対して5回行い、分析しました。次に、この分析結果をもとに、動作経済の原則などに沿って動作を改善していきました。また、過去の不適合（不具合）報告書やクレーム報告書から原因を追究した結果、その対策として次の方法をとることとしました。

①シリンダー（母材）にゴミを付着させる原因となっている、切削油で汚れた床の清掃とこの維持

②シリンダーの状態（特に端面の汚れ）の確認

③シリンダー洗浄時の注意点（洗浄方法および動作）、洗浄する作業者の力加減、使用している洗浄液や洗浄具の状態（交換基準の設定や置き場管理の徹底）の策定

④メッキ装置の清掃手順の策定

　そして、これらをもとに標準作業（要素作業レベル）と標準時間を設定し、プロセス展開表に整理しました。その一部が図表4-17です。

間接作業については、プロセス展開表を活用して手順（職務行動）を明らかにしていきます（これを作成することによって、各課業（工程）および各職務行動（単位作業）に、業務コードがつきます）。

　なお、プロセス展開表から単位作業の難易度として中級とされた仕事を集約し、職務として編成したのが、銅メッキ中級職職務記述書です（図表4-18）。このほか、中級職は、工程管理、品質管理などの管理業務や他部署との調整業務も担当しています。

図表4-17 銅メッキ職　プロセス展開表例

工程を明らかにしたうえで、各工程での作業を書き出し、等級区分する。

課業（工程）			業務A ➡ 内面処理	➡	業務B ➡ インク取り	➡	業務C ➡ クロム剥がし	➡	業務D ➡ 端面修正
サイクルタイム			5分		2分57秒		3分19秒		2分55秒
職務行動（手順）	1	1分50秒	①母材が使用可能かどうか判断する	30秒	①製版予定表を見てシリンダーを探す　母材の在管が少ない時	2秒	①剥離液温度の確認をする	20秒	①端面の状態を確認し、修正機に掛ける
	等級区分		中級		初級		初級		初級
	2	2分10秒	②加工伝票を確認し、母材を取り出す	15秒	②円周に応じての直径出しを計算、記入する。	2分	②剥離液の濃度を確認し、基準に満たない場合、液を補充する	2分15秒	②端面修正および穴加工する
	等級区分		初級		初級		初級		初級
	3	1分	③内面ブラシを掛ける	12秒	③加工伝票を確認し、母材を取り出す	2秒	③予定表を確認、母材を取り出す	20秒	③修正した端面の状態を確認し、修正機から外す
	等級区分		初級		初級		初級		初級
	4	50秒	④内面塗装をする	2分	④溶剤でインクを取り除く	25秒	④剥離機に掛ける		
	等級区分		初級		初級				
	5						⑤剥離機から取り出し、製版予定日ごとに仕分ける	50秒	
	等級区分						初級		

200　第4章　働き方改革のための新しい職務分析手法を活用した業務改善の実際

図表 4-18 銅メッキ中級職　職務記述書

課業	職務行動	業務コード	結果責任
加工業務	加工業務（J3 級定型業務）		①自工程で不良を発生させないこと②標準時間で作業すること
	フランジ部の合否判定を行い、端面修正および穴加工する	D−1	
	加工前 CL（新・旧管）の使用可否を判断し、NC 旋盤機に投入する	E−2	
	落版時にうねりを発見および発生可能性を見極め、処理する	E−1	
	NC 旋盤のプログラムを読み込み、稼働させる	E−3	
	研磨機を使い、CL 円周に応じて均等に柄を落とす	G−1	
	CL を検品する	G−3	
	CL 検品後、バランスが崩れていると判断された場合、研磨機の再調整をする	E−4	
工程管理業務	当日の処理量および前後工程の進捗を把握する	I−2	作業者の手待ちが発生しないこと
	部署内各工程内での作業場変更を適正に判断・指示する	I−3	
	加工完了 CL の製版への進行可否判断をする	K	
品質管理業務	業者の薬液分析結果に対し、適正な処置をする	M	後工程に不良を流さないこと
	下位等級者が行った作業の品質を検品・評価する		
設備管理業務	部署内の薬液を定期的に交換する	L−2	設備の不具合によって、生産停止や不良（ロス）が発生しないこと
	廃水処理操作盤の確認、記録	N	
	クーリングタワー・スクラバー・コンプレッサーを巡回点検および管理する	O	
	薬液・消耗部材の点検および交換の判断をする	L−1	
在庫管理業務	担当資材の適正な管理・定期補充をする	P	決められた適正在庫を維持すること
調整業務	他工場および関連部署と業務上必要な交渉をする	I−4	全体最適の視点で効率を高めること
	営業へ加工指示の記載事項不備について判断し指摘できる	J−1	
外注管理業務	納入業者・設備メーカーと円滑な交渉をする	L・M・N・O	社外起因での品質不良を排除すること
指導監督業務	下位者および非正規社員に対し業務上の説明・指示をする	Q	①下位者および非正規社員が起因の品質不良を起こさないこと②下位者および非正規社員の作業効率を維持、高めること
改善業務	簡単な機器および操作マニュアル等を作成する	R	監督者と共同で自工程の生産性を高めること
	自部署内作業閑散時における時間の活用を企画提案する		
	自部署起因の不適合の原因を追及、対策案を立案、上申する		
	自部署内の作業改善を実施する（ミス・効率・多能工化）		
	適切な作業方法を自ら選択し作業効率を改善する		
	部署内の 5S（3S＋清潔・躾）を徹底する		

業務知識	部署内全工程の業務知識
	製版方式による必要銅厚・硬度・CL 精度範囲等の品質知識
	部署内の廃液・廃材の処分知識
	部署内全機材の操作知識
	部署内全機材のメンテナンス知識
	危険物・有害物・安全に関する管理知識
	製版方法と製版可能サイズに関する知識
	銅メッキの液組成と使用資材に関する知識
	排水処理・廃薬液処分に関するフロー知識

遂行要件	高等学校卒業および同程度の教育水準
	メッキ業務経験 10 年以上
	印刷・製版の専門的知識を有していること

Ⅱ　働き方改革に必要な部門別職務分析手法の理解　201

⑵　業務量調査・分析を実施する

　製造現場の場合、作業者は、基本的には何らかのルールに基づき作業をしているはずです（遵守されているかどうかは別として）。このため、日々の生産品や生産量には変動があるものの、単位あたりの時間（生産1個あたりの作業時間）が比較的容易に調査できます。

　銅メッキ中級職の業務には、大きく分けると加工業務と管理業務があり、7割が加工業務となっています。この加工業務は、業務区分では変動業務となっていますが、日々、ほぼ一定量（端面修正業務は40本、落版研磨業務は20本）、時間にして合計で約300分（端面修正作業片面約3分×両面×40本＝240分／落版研磨作業約3分×20本＝60分）の加工をしています。

　なお、直接作業である加工業務は日々繰り返し行う業務であるため、生産数量が多い日あるいは不具合が発生した際には、不定期に初級レベルの加工業務や不具合に対する処置を講ずることになっています。

　また、点検手順書や交換手順書に従って行われる間接作業については、経験的推定によらず、実際に動作研究および時間研究を実施することが必要です。間接作業にもムダ、ムリ、ムラは存在しますし、点検、交換作業については対象物（設備、液、油など）の状態を確認でき、異常の発見につながるとともに異常の原因を追究するもととすることができます。この結果、場合によっては交換基準の変更も検討できることから、設備管理上は非常に重要な作業となります。

⑶　ジョブ・シェアリングの取組みへの応用

　多様な働き方の推進は、従業員にとっては育児や介護、自己啓発、社会活動などのために時間を割くことができるようになります。一方、会社にとっては有能な人材の定着や人材確保につながるため、競争力を高めることができます。

　これまでに述べた職務分析、業務量調査・分析を実施することで、職務

内容の質・量が明確になるため、職務に対する責任感が生まれます。また、これらを行うことで、フルタイム1人が担当していた職務（ポスト）を2人以上の組にして分担させるジョブ・シェアリングの導入がしやすくなり（職務の質・量が明確なため）、生産性が低下することもありません。この理由は、繰り返しになりますが、職務分析によって「作業標準」という厳しい目標と改善マインドが個々の従業員に醸成されるからです。この過程を経ることなく、個々人のモラルに頼って多様な働き方を推進することは、職務責任を分散させ、生産性に影響を与えることになります。

　ただし、多様な働き方の導入には以下の留意点があります。

①正社員と限定社員あるいは非正規社員との正確な情報の共有化が難しいこと

②短時間正社員への移行において、管理監督業務は職場の全体把握をすることが難しく適さないこと

③時間的、場所的制約により関係者（顧客・取引先や他部門など）と直接連絡がとりにくくなるなど関係性への影響が懸念されること

④1日の中で定期的に行う業務（点検、検査業務）は、分担することによって非サイクリックな作業となるため、忘れるなどのミスを誘発する危惧が生じること

⑤不定期業務および管理的業務については、限定社員では所定時間内で完遂できない可能性が高いため、これら業務を代替する他の社員に負荷がかかる場合も出てくること

　上記の留意点を踏まえ、例えば、銅メッキ中級職務が限定社員（ここでは短時間正社員）となる場合、職務記述書（図表4-18）の中から限定社員に適した業務を抽出し職務を再編成すると、合計勤務時間は350分となりました（図表4-19）。

　しかし、本来職務であった管理業務については、これができる社員に任せる、あるいは部下を早急に育成し遂行できるようにしなければならないなど、少なからず混乱は生じてしまいます。

　また、雇用を増やすことにより賃金以外の人件費が増える可能性があ

図表 4-19 銅メッキ中級職務（職務編成後）

業務	課業（工程）	職務行動（単位作業）
加工業務	端面処理	端面の状態を確認し、修正機に投入する
	落版研磨	マイクロゲージを使い、母材の正確な寸法出しをする
		加工前 CL（新・旧管）の使用可否を判断し、NC 旋盤機に投入する
		落版時にうねりを発見および発生可能性を見極め、処理する
		NC 旋盤のプログラムを読み込み、稼働させる
		CL を検品する
品質管理業務	検査	下位等級者が行った作業の品質を検品・評価する
設備管理業務	周辺装置保全	クーリングタワー・スクラバー・コンプレッサーを巡回点検および管理する

り、設備投資するか、業務を改善することで会社負担を軽減する努力が必要です。

2. 営業職務における業務量調査・分析と職務再編成

営業職について、プロセス展開表による職務分析を実施し、そのうえで、業務量調査・分析を実施しました。

(1) 業務量調査・分析を実施する

前述した「職務分担調査票」（図表 4-10）および「営業活動調査票」（図表 4-15）を活用し、営業活動の調査・集計を実施した結果、1 日あたりの平均訪問件数と、単位（件）あたりの平均時間が算出されます。指示書や伝票枚数などの発行は受注量によって変動しますが、営業活動調査票によって明らかになる発行業務の合計時間をそれぞれの発行件数で除すことで算出できます。営業に関する各業務についても同様に、各々に要した時間（訪問計画に要した時間、訪問準備時間、訪問時間）を訪問件数で除すことで算出できますが、業務量調査票には移動時間は含まれておらず、これについては移動時間合計を訪問件数で除し、別途、1 件あたりの平均移動時間を算出しておく必要があります。A 社では、平均約 20 分／件となっていました。これらのモデル（標準）者の各業務の時間や期間など

204　第 4 章　働き方改革のための新しい職務分析手法を活用した業務改善の実際

は、他の営業社員にとって気づきを与える目標（目安）として活用することができます。

⑵　ジョブ・シェアリングのための留意点

①顧客との関係性への不安

　営業職では、顧客との関係性が業績にとって重要な要因となります。このため、営業にショブ・シェアリングを導入する際には、それが業績に影響しないよう対策を講じておく必要があります。例えば、訪問時間や返答時間の指定、さらには緊急対応（電話連絡や訪問など）について、顧客の要求に対して制約が生じることに理解を得ることなどです。

　また、営業は製造現場とは異なり、関わる対象が物（製品）ではなく感情を持った人間であるため、顧客の信頼を獲得するまでの標準時間を設定することができません。

　しかし、営業の成果は、あくまでも顧客満足を獲得するために標準化された営業プロセスの中で、個々の営業がどれだけの知識、能力（判断力、交渉力、企画力など）を発揮することができるかで決まります。つまり、地域あるいは顧客が抱える課題と営業能力がマッチしていることに加えて、やはりここでも新規顧客開拓プロセスのように、プロセスの段階ごとに営業活動を管理していくことが重要ということです（図表4-20）。この管理によって、「今、顧客にとって何が提供できていないのか」という観点から顧客との関係性を感知することができるなど、プロセス管理と顧客関係性の管理によって営業生産性の向上が可能となります。もちろん、顧客情報や製品・技術情報の蓄積と更新、販促ツールの制作・改定がなされること、さらには生産部を中心とする他部門の協力が得られることが前提です。

②営業目標の設定の難しさ

　次に、売上目標の設定が重要となります。短時間正社員等労働時間の短い社員に対してフルタイムの営業社員と同じ売上・粗利目標などを設定しても、目標を達成することは困難です。また、直接の担当でない周囲の

Ⅱ　働き方改革に必要な部門別職務分析手法の理解　　205

図表4-20 新規開拓管理ツール（進捗表）

会社名 ＿＿＿＿＿＿＿＿
住所 ＿＿＿＿＿＿＿＿（当社競合）外注先
ＴＥＬ ＿＿＿＿＿＿＿＿外注書
担当者名 ＿＿＿＿＿＿＿＿訪問可能時間

訪問回数	日付	内容	顧客ニーズ	備考（次回訪問日までの準備/備品/提案書）	次回訪問予定日
1回目	／				／
2回目	／				／
3回目	／				／
4回目	／				／
5回目	／				／
…		…	…	…	／

顧客情報：担当者名／キーマン／社員数／外注先（当社競合）／外注費／価格情勢／仕様①②／売上決済日／顧客ニーズ①②③／エンドユーザー／印刷機・印刷外注先

販促アクション：会社パンフレット／スペック資料／ＰＲ資料／ニーズに対する提案①②③／同行／見積書

※無断転載・無断複写はご遠慮ください（NPO法人 企業年金・賃金研究センター）

メンバーからみて納得性があるかという視点も非常に重要です。

　このため、売上高が労働時間に必ずしも比例するというものではないこと、職種的には評価の対象は、「労働時間の長さではなく仕事の成果」であることを合意します。また、短時間勤務であっても、顧客を絞り込み、深耕営業を徹底させることで取引シェアを拡大させ、売上高を維持させることも可能であると考え、目標を設定します。

　さらに、移動時間を削減し、営業効率を高めるにはモバイル・ワーク型のテレ・ワークへの移行も考えられます。

③職務再編成上での留意点

　既に述べた、多様な働き方の導入に際しての留意点はここでもあてはまります。したがって、日々決まって遂行できる定期業務を中心に職務を再編成することになります。

3.　画像処理職務における業務量調査・分析と職務再編成

　画像処理職務について、プロセス展開表による職務分析を実施し、編成された中級職の職務内容をまず洗い出し、そのうえで、業務量調査・分析を実施しました。

　画像処理のように、画像編集・加工ソフトを使用した、コンピュータ画面を見ながらの作業は、非常に標準化が難しく、生産性向上のための改善を怠りがちです。前述したように、上級技術者を標準者と見なして、この上級技術者の作業手順やこの背景にある思考方法について細かく分析し、作業標準を書き出すことで、今後の教育訓練の質を高めることができます。実際に、同じ原稿データを2人の作業者に処理させ、操作手順の違いについて画面を通して（処理画像の変化で）確認することができることから、画像処理職務の標準化は、同じくコンピュータを使用する職務であるプログラミングよりは改善が容易といえます。

　A社の場合、このような改善活動を通じて、顧客から送られてくるデータを監督者が確認し、原稿難易度を判断することができるようになりました。難易度別に基準時間が決まっていることから、作業者の負荷に応じ

て、原稿を振り分けられるようになっています。

(1)　職務記述書と業務量調査・分析の実施

　なお、A社のプロセス展開表から作成された画像処理中級職務の職務記述書は図表4-21、また、職務分担調査票を活用した業務量調査結果は図表4-22の通りです。

　本来中級職は、中難度の原稿データ処理をすることを基本業務とし、あわせて設備管理や下位等級者の指導監督業務など監理業務を行うことになっています。

(2)　在宅勤務移行のための職務再編成上の留意点

　画像処理職務は、原稿処理時間が短納期化しているうえに、顧客からの追加要求あるいは営業からの確認が緊急で入る場合が多く、これへの対応に手間がかかることや、画像処理の最終品質検査を会社のプリンターで出力する必要があり、これに不具合があった場合に手直しに手間がかかるなどの特性があります。

　このような職務に在宅勤務を導入すると、結果として在宅勤務者には難易度が低く、あまり関係部門とのやり取りが必要のない原稿データを割り当てざるを得なくなります。また、在宅勤務へ移行しても、当然、家事優先というわけではありませんので、残業を要するような緊急での対応も発生します。しかし、在宅勤務者がこういった事態に十分に対応できるかは疑問です。

　このため、図表4-23のように職務の再編成が行われました。

　結果、難易度が中程度以上の原稿が他の中級職以上の社員に割り当てられることになり、負担を強いることになりました。このため、社員の能力を早急にアップさせる必要がでてきたため、会社としては社員の能力開発計画を前倒しすることにしました。

　なお、このような職務の明確化は、結果責任も明確にできることから、クラウドソーシングへ応用、展開していくこともできるようになります。

図表 4-21 画像処理中級職　職務記述書

課業	職務行動	結果責任
データ確認業務	顧客要求事項（指示書・分色原稿 等）の内容を把握する	① 自工程で不良を発生させないこと ② 標準時間で作業すること
	原稿内容を適切に判断し、製版データ作成する	
	製版方式による印刷特性を考慮したデータ作成する	
	営業へ指示書記載事項の不備について判断し、確認する	
前処理業務 （柄割付・アクセサリー付け等）	変則割付など複雑な割付・高度なエンドレスなど処理する	
ニゲ処理	最終的な製品をイメージしながら複雑なニゲ処理をする （複雑とは、色数・柄などが多く、掛け合わせ・柄の重なりなども多く、グラデーションやパターンなどを多様に使用しているもの）	
版下作製業務	デザイン文字・書き文字・筆文字を作成する	
	複雑な原稿でも刷見本からスキャニングしトレースする	
	ニゲ処理を考慮しながら版下・デザインを作成する	
校正物の作成、青焼き業務	顧客と業務上の内容（原稿内容等）について打合せをする	
色校正業務	刷見本とのカラー差異がわかり、プルーフと比較し校正する	
工程内検査業務	下位等級者が編集作業を行った原稿を検品・評価する	
	製版方式に応じたデータが作成されているかを確認する	
設備管理業務	担当機材トラブルに対して適切に判断し、処理する	設備の不具合によって、生産停止や不良（ロス）が発生しないこと
	周辺機器（設備）の基礎的なメンテナンスをする	
在庫管理業務	担当資材の在庫を確認し、発注、適正な管理をする	決められた適正在庫を維持すること
調整業務	他工場および他部署と業務上必要な対話をする	全体最適の視点で効率を高めること
外注管理業務	納入業者・機器・機械メーカーと円滑に交渉を進める	社外起因での品質不良を排除すること
	担当職務の外注業者（版下等）と納期等の折衝をする	
指導監督業務	簡単な機器及び操作マニュアル等を作成できる	① 下位者および非正規社員が起因の品質不良を起こさないこと ② 下位者および非正規社員の作業効率を維持、高めること
	部署内優先作業を的確に判断する	
	営業指示を的確に理解し、版下（デザイン）作成または外注依頼する	
	自部署起因の全不適合に至る原因を追及する	
改善業務	部署内作業閑散時の有効活用を企画提案する	監督者と共同で自工程の生産性を高めること
	自部署内の作業改善（ミス・効率）策を提案する	
	部署内の5S（3S＋清潔・躾）を徹底する	

業務知識	部署内全出力機の機構と機能をある程度把握した上で使用できる知識
	分解機器操作とある程度のカラー（編集）処理ができる知識
	簡単な分色作業・版下作業の両方作業ができる基礎知識
	製版方式の違いによる印刷状態に関する基礎知識
	フォントに関する知識を有している（版下）
	デザインの基礎知識があり、簡単な作成技能がある（版下）
	ソフトの機能・特性やソフト間の互換性に関する知識

遂行要件	専門学校卒業および同じ程度の教育水準
	画像処理業務経験10年以上
	印刷・製版の専門的知識を有していること

II　働き方改革に必要な部門別職務分析手法の理解　209

図表 4-22 画像処理中級職　業務分析・業務量調査表

課業	職務行動
データ確認業務	顧客要求事項（指示書・分色原稿 等）の内容を把握する
	原稿内容を適切に判断し、製版データ作成する
	製版方式による印刷特性を考慮したデータ作成する
	営業へ指示書記載事項の不備について判断し、確認する
前処理業務 （柄割付・アクセサリー付け等）	変則割付など複雑な割付・高度なエンドレスなど処理する
ニゲ処理	最終的な製品をイメージしながら複雑なニゲ処理をする （複雑とは、色数・柄などが多く、掛合せ・柄の重なりなども多く、グラデーションやパターンなどを多様に使用しているもの）
版下作製業務	デザイン文字・書き文字・筆文字を作成する
	複雑な原稿でも刷見本からスキャニングしトレースする
	ニゲ処理を考慮しながら版下・デザインを作成する
校正物の作成、青焼き業務	顧客と業務上の内容（原稿内容等）について打合せをする
色校正業務	刷見本とのカラー差異がわかり、プルーフと比較し校正する
工程内検査業務	下位等級者が編集作業を行った原稿を検品・評価する
	製版方式に応じたデータが作成されているかを確認する
設備管理業務	担当機材トラブルに対して適切に判断し、処理する
	周辺機器（設備）の基礎的なメンテナンスをする
在庫管理業務	担当資材の在庫を確認し、発注、適正な管理をする
調整業務	他工場および他部署と業務上必要な対話をする
外注管理業務	納入業者・機器・機械メーカーと円滑に交渉を進める
	担当職務の外注業者（版下等）と納期等の折衝をする
指導監督業務	簡単な機器及び操作マニュアル等を作成する
	部署内優先作業を的確に判断する
	営業指示を的確に理解し、版下（デザイン）作成または外注依頼する
	自部署起因の全不適合に至る原因を追及する
改善業務	部署内作業閑散時の有効活用を企画提案する
	自部署内の作業改善（ミス・効率）策を提案する
	部署内の5S（3S＋清潔・躾）を徹底する

業務知識	部署内全出力機の機構と機能をある程度把握したうえで使用できる知識
	分解機器操作とある程度のカラー（編集）処理ができる知識
	簡単な分色作業・版下作業の両方作業ができる基礎知識
	製版方式の違いによる印刷状態に関する基礎知識
	フォントに関する知識を有している（版下）
	デザインの基礎知識があり、簡単な作成技能がある（版下）
	ソフトの機能・特性やソフト間の互換性に関する知識

遂行要件	専門学校卒業および同じ程度の教育水準
	画像処理業務経験10年以上
	印刷・製版の専門的知識を有していること

結果責任	SMCAO※分析	発生区分	発生サイクル	業務区分	処理時間帯	単位時間（分）	1日あたりの件数	1日あたりの時間
① 自工程で不良を発生させないこと ② 標準時間で作業すること	A	定期	日	変動	8：40〜17：30	60	6	360
	A	定期	日	変動				
	A	定期	日	変動				
	A	定期	日	変動				
	A	定期	日	変動				
	A	定期	日	変動				
	A	定期	日	変動				0
	A	定期	日	変動				0
	A	定期	日	変動				0
	A	定期	日	変動		10	1	10
	A	定期	日	変動		5	6	30
	A	定期	日	変動		10	1	10
	A	定期	日	変動				
設備の不具合によって、生産停止や不良（ロス）が発生しないこと	A	不定期						0
	A	不定期						0
決められた適正在庫を維持すること	O	定期	日	固定	12：00	10	1	10
全体最適の視点で効率を高めること	A	不定期						
社外起因での品質不良を排除すること	A	不定期						0
	A	不定期						0
① 下位者および非正規社員が起因の品質不良を起こさないこと ② 下位者および非正規社員の作業効率を維持、高めること	C	不定期						0
		不定期						0
		不定期						0
		不定期						0
監督者と共同で自工程の生産性を高めること	A	不定期						0
	A	不定期						0
	A	定期	日	固定	8：30	10	1	10
							合計	430

※ SMCAO 分析

業務区分	定　義
S 戦略的業務	●事業・機能・業務の新しいステージの企画・構想・計画・実現への組織内での取組み ●オフェンシブ（攻撃的・挑戦的・改革的）業務　　●競争優位への取組み等
M 管理的業務	●事業・機能・業務のPDCA（計画／組織化・命令／統制／調整）を管理する制度的に決められた方法・運用に基づいて遂行していく業務
C 監督的業務	●改善（より効率・生産性を上げていく、悪さ加減を良くしていく）業務 ●現業務運用のバラツキを決められたレベルへ合わせていく取組み等
A 応用業務	●高度な実務的知識、経験をもととし、相当程度の判断力・折衝力・指導力を必要とする応用複雑業務
O 定型業務	●マニュアルなど手順化・ルールづけされた後の事務処理・文書作成や伝達・PC機器類の操作等の定型事務業務

図表 4-23 在宅勤務用に再編成された職務

課業	職務行動	結果責任	SMCAO分析	発生区分	発生サイクル	業務区分	処理時間帯	単位時間（分）	1日当たりの件数	1日当たりの時間
データ確認業務	顧客要求事項（指示書・分色原稿等）の内容を把握する		A	定期	日	変動				
	原稿内容を適切に判断し、製版データを作成する		A	定期	日	変動				
	製版方式による印刷特性を考慮したデータを作成する		A	定期	日	変動				
	営業へ指示書記載事項の不備について判断し、確認する	①自工程で不良を発生させないこと②標準時間で作業すること	A	定期	日	変動	8:40〜17:30	60	7	420
前処理業務（柄割付・アクセサリー付け等）	変則割付など複雑な割付・高度なエンドレスなど処理する		A	定期	日	変動				
ニゲ処理	最終的な製品をイメージしながら複雑なニゲ処理をする（複雑とは、色数・柄などが多く、掛合せ・柄の重なりなども多く、グラデーションやパターンなどを多様に使用しているもの）		A	定期	日	変動				
校正物の作成、青焼き作業	顧客と業務上の内容（原稿内容等）について打合せをする		A	定期	日	変動				
業務報告書作成	日ごと実施した業務内容と成果および注意すべき事項を報告する	報告漏れがなく、正確な内容であること	O	定期	日	固定	17:10〜17:30	20	1	20

※校正物の作成、青焼き業務、色校正業務、工程内検査業務については、本社の技術者が担当する。　合計 440

4. 間接部門の業務改善事例

　間接部門は、直接部門が業務に専念できるよう取り計らうという視点から、支援業務が自然膨張する傾向にあります。そのうえ、直接部門が効率化や標準化を図ることなく、安易に間接部門に業務を依頼する傾向にあることから、自ずと間接部門のルールも定まることがなく、さらに部門間および部門内で伝達される情報も整理されないなど、業務を正常に処理できる状態でないことが多く見受けられます。

このため、まずは業務を洗い出し、改善するとともに、顧客視点から業務を円滑に処理できる条件を整備していくことが求められます。

　ここでは、業務量調査の分析を実施することは他の部門と同様ですが、プロセス展開表ではなく職務調査票を活用したＢ社の間接部門の事例についてご説明します。

　営業部門と生産部門の間を調整する生産管理部門の事例です。この部門はもともと７名いましたが、職務調査を実施する前に、生産計画業務を改善することで２名削減できています。そのうえでさらに以下の改善を進めています。

　現在所属する５名の従業員に対して第２章Ｉ節（P.52）で紹介した職務調査票を活用し、職務調査（図表4-24）と業務量調査（図表4-25）を実施しました。

　業務量調査・分析では、日々遂行される業務に関しては業務ごとに５日間の業務量と時間を調べ、平均的業務量（件数）と平均時間を算出します。

　不定期業務については、周期性を導き出せるものは定期的業務に改善することを原則にしますが、そうならない業務については、不定期であっても遂行した場合の１単位あたりの基準時間が算出できる場合と、クレーム処理や相談業務のように算出できない場合があり、前者についてだけ定期業務と同様に経験的推定時間を設定しておきます。

　この結果、各所属員が職務遂行にかけている平均的な時間を算出することができます。不定期業務の時間は算定できませんが、通常業務を正確に遂行することや関係部署の協力を得てルールを定めることができれば、不定期あるいは管理業務は削減することが可能となります。

　何も改善しなければ５人工（人工とは、１日に働く作業量の単位）でしたが、調査した段階では繁忙期を想定した業務量であっても理論的に4.0人工と、５人の所属員の業務量に満たないことが判明しました。

　その後、各所属員の業務の中で特に時間がかかっている業務に注目し、その業務の手順の確認、ＥＣＲＳの視点での改善を行い、２カ月で４人工

図表 4-24 間接部門 職務調査票

職務調査票

所属	担当職務	現職務経験年数	氏　名	資格等級	現役職
生産管理課					

業務機能（中分類）	まとまり課業（小分類）	発生頻度	具体的課業内容	遂行上の問題点及びリスクとその解決方向
勤怠管理	勤怠管理システム確認、登録	1	①前日の生産管理等の残業申請書の分をクロノスに登録	残業申請時間に差異がないか、必要事項が記入されているか確認
			②打刻漏れがないか確認	
			③前日までの残業時間を集計して掲示	
工場間荷物の移動	版下準備	1	①通い表の中の改版アイテムについて確認する	通い表に表示された改版アイテムを見逃す可能性がある
			②改版アイテムの版下を版下置場から探す	版下置場に置かれていないことがあり、探すのに時間がかかる
			③ピックアップした版下を通い袋に入れ、B工場へ回す	
	通い便の変更連絡対応	1	①前日に作成した通い表の変更を依頼された場合、または変更がある場合、各物流者へ連絡	1. 前日の予定の進捗によるエージング時間の問題 2. B工場の置場の問題 3. a原料不良による作業中止 4. 指示漏れ（忘れ）上記4点が主な原因による物流の変更が発生する
	通い表作成準備（A工場⇔B工場の分）	1	①B工場の翌日のb製品予定出力	
			②予定表のアイテムのa原料が現時点でどこにあるかを生産管理システムで確認	
			③A工場にあるものは、A工場のF工程予定をもとにF工程終了予定時間（予定組者の時間指定時刻）から載せる便を決める	
			④A工場F工程予定のb製品について、生産管理システムをもとに翌日使用分は③で決めた便に載せ、それ以外のb製品がいつ・どこで作業されるものか生産計画を生産管理システムで確認する	
			⑤B工場F工程品の引き上げについて、次工程がA工場で作業するものはエージング時間・生産予定をもとに引き上げる便を決める	
	通い表作成	1	①これらがおおよそ決まったら、通い表専用フォームに入力し、細かい指示がある場合はそれも合わせて入力	
			②翌日のB工場F工程予定をもとに、F工程で使用するE工程a原料移動分を入力	
			③翌日G工程、W製法予定表をもとに、第1工場→第2工場への移動分を入力	
			④前日までのG工程、W製法予定表をもとに、B工場へ移動する分を入力	・翌日、場内物流者から指示したものが見つからないと問い合わせがくる 1. 物流者が見落している 2. 指示のダブり 3. 生産が終わっていなかった
			⑤翌日の外注に送るE工程a原料、F工程a原料がある場合は第1工場の物流者への出庫指示書を作成する	
			⑥全ての移動指示書が完成したらプリントアウト	
			⑦各物流者へコピーして配布しておく	

業務機能 (中分類)	まとまり課業 (小分類)	発生 頻度	具体的課業内容	遂行上の問題点及びリスクと その解決方向
外注手配 関連	外注より入荷分の生産 実績入力	1	①外注からFAXが届いたら、生産実績を 登録	実績の登録間違い
			②必要なものはラベルを発行する	
			③発行したラベルを業務へ渡す	
	外注より直送分の売り 上げ処理対応	1	①外注からFAXが届いたら、生産実績を 登録	実績の登録間違い
			②必要なものはラベルを発行する	
			③発行したラベルを業務へ渡す	
			④営業所分は納品書をFAXする	
	外注手配一覧表作成	1	①生産管理システムにて前日の受注デー タ、製品マスタデータを抽出	マクロによるデータ抽出に失敗する と、外注生産手配が漏れてしまう可能 性がある
			②マクロを使って外注F工程・外注のオー ダーを抽出し、一覧表を出力する	
			③抽出したデータをもとに、どの外注へ送 るかを生産管理システム（過去の実績、製 品マスタ）で確認する	
			④完成した一覧表をX氏（外注納期管理 者）とZ氏（原反発注者）へコピーを渡す	
	外注へ仮手配	1	①作成した外注手配一覧表をもとに、各外 注へ注文書を作成する	
			②仮注文のFAXを送る	※外注品は、仮FAXを送った後、使 用する副資材を過去の実績から確認し てメモしておく
	当日及び翌日に外注へ 送る納品書準備	1	①X氏（外注納期管理者）より、翌日に外 注へ送るアイテム一覧表を受け取る	
			②一覧表をもとに、翌日送るアイテムの注 文書を準備し、必要事項（送るa原料のM 数、外注直送の原反の入荷日 等）を記入	F工程a原料を送る場合、エージン グ時間が足りているか確認する
			③注文書をコピーして、行き先ごとにまと めて封筒に入れておく	※外注品は、製品ラベルを準備するた め、仮実績を登録してラベルを発行 し、製品仕様書等も準備して袋にまと めておく。
			④送る荷物（a原料、副資材）用のラベル をそれぞれ準備	
			⑤まとめて業務へ渡す	
	当日外注送り分の FAX	1	①当日外注に送る分の移転送がされている か生産管理システムで在庫データを確認す る	
			②各外注先へ注文書をFAXする	
			③各外注先ごとにファイルに注文書をファ イルにとじる	
a原料 発注関連	◇◇様アイテム用a 原料、Z商品a原料 の発注	2	①◇◇様アイテムのa原料について、A 工場在庫がなくなり次第発注する（およそ 2週に1回）	
			②Z商品用a原料について、週単位の生 産予定数量を確認し、予定に合わせて原反 を発注する	
	W材使用予定一覧表 の作成	2	①前週の受注の在版以外のアイテムを抽出 する	Y社よりW材使用予定が不明のため在 庫が作りきれないとの要望があり、こち らから使用予定一覧表を提供している

Ⅱ　働き方改革に必要な部門別職務分析手法の理解　215

業務機能 (中分類)	まとまり課業 (小分類)	発生 頻度	具体的課業内容	遂行上の問題点及びリスクと その解決方向
			②その中でY社のa原料を使用するアイテムを抽出する	
			③W材使用予定一覧表を作成するためのフォームに、前週の在版以外のY社a原料使用アイテムを登録する	
			④今週、来週、再来週のE工程・F工程の生産予定データをもとに、専用フォームでW材使用アイテムを抽出する	
			⑤W材使用予定一覧表をY社へ送る	
	a原料確定納期入力	1	a原料納期回答FAXが届いたものについて、生産管理システムに納期登録する	※翌日着分を優先に登録する。(時間がある時は翌日以降の分も登録する)
その他	書類とじ	1	①当日の通い表、●●便の委託書をとじる	
			②a原料納期確定入力完了したものを該当ファイルにとじる	
			③G工程、W製法の当日予定をとじる	
			④E工程、F工程日報をとじる→F工程のa原料カードを袋にまとめる	
			⑤F工程のa原料カードはまとめて収納場所へ持っていく	
	●●様サンプル送付	2	①●●様の生産予定があるかE工程予定を確認する	現場にてサンプルの取り忘れ、自身の該当アイテムの確認漏れにより、サンプル送付漏れ発生の可能性あり
a原料 発注関連	a原料納期確認・交渉	1	①a原料納期回答FAXが届いたものについて、納期が遅れているものは、生産に間に合うかどうか確認	
			②必要に応じて納期短縮をかける	変更できないものについては、生産納期・生産予定から判断し、メーカーと営業(もしくは予定組者)に交渉する
a原料 発注関連	a原料数量変更・納期変更・緊急手配対応	1	①営業より納期変更、数量変更、緊急手配があったものについて、メーカーへ依頼をかける	
			②変更・手配できたかどうか確認し、営業・予定組者へ報告する	
	a原料在庫データ処理	1		
	a原料返品連絡	7	①工場長から返品連絡がきたものについて、各メーカーのフォームに明細を入力	
			②発注先へ連絡する	
	a原料返品準備	7	①メーカーから返品先の連絡がきたら、納品書と送り状を準備する	
			②業務へ返品するa原料を準備してもらうよう指示する	
			③納品書と送り状を業務に渡して出荷してもらう	
			④送り状をメーカーへFAXする	
	版下発送準備	7	①現場から戻ってきた版下について、各営業所で2アイテム以上たまったら、梱包する	
			②各営業所の送り状を準備する	
			③梱包した版下に送り状を貼り、発送する	

※発生頻度〔1:日、2:週、3:月、4:半年、5:四半期、6:1年、7:その他〕

図表 4-25 間接部門 職務量調査・分析票

職務量調査・分析票

業務機能（中分類）	まとまり課業（小分類）	発生頻度	所要時間（分）	活動単位	平均（Max/Min）アイテム数／件数	所要時間（分）	単位時間（分）	業務区分	SM（個数）	SM（時間）
勤怠管理	勤怠管理システム確認、登録	1	10	1件	12.28 (20-8)	10.8	0.8	固定	20	16.9
工場間荷物の移動	版下準備	1	5	1アイテム	0.8	1.4	1.8	管理	2	3.5
	通い便の変更連絡対応	1	5	1回	1	6.7	6.7	管理		6.7
	通い表作成準備（A工場⇔B工場の分）									0.0
	予定表のアイテムのa原料が現時点でどこにあるかを生産管理システムで確認	1	30	1アイテム	23.4 (33-12)	19	0.8	変動	33	26.8
	通い表作成	1	30	1アイテム	48.2 (59-35)	33	0.7	変動	59	40.4
外注手配関連	外注より入荷分の生産実績入力	1	5～20分/件	1アイテム	22 (3-1)	9.2	4.2	変動	3	12.5
	外注より直送分の売り上げ処理対応	1	約20分/件	1アイテム				変動		20.0
	外注手配一覧表作成	1	10	1回		5.6		変動		5.0
	外注へ仮手配	1	3/件	1アイテム	1.2 (3-0)	4	3.3	変動		3.0
	当日及び翌日に外注へ送る納品書準備	1		1アイテム	4 (6-1)	29.4	7.4	変動		6.0
	外注ラミ品	1	約5分/件							
	外注製袋品	1	約15～20分/件							
	当日外注送り分のFAX	1	5		1.8 (2-0)	1.4	0.8	固定	3	2.3
a原料発注関連	◇◇様アイテム用a原料、Z商品a原料の発注	2	各10					管理		0.0
	W材使用予定一覧表の作成	2	30	1回				管理		20.0
	a原料確定納期入力	1	約30秒/件	1アイテム	64.8 (96-36)	36.6	0.6	変動	96	54.2
その他	書類とじ	1	10	1回		6.2		固定		10.0
	●●様サンプル送付	2	10	1アイテム	3 (9-0)	4	1.3	管理		10.0
a原料発注関連	a原料納期確認・交渉	1		1件	1	2.4	2.4	管理		2.4
a原料発注関連	a原料数量変更・納期変更・緊急手配対応	1		1件	1.4	3.8	2.7	管理	2	5.4
	a原料在庫データ処理	1		1件	5.6 (18-3)	1.8	0.3		18	5.8
	a原料返品連絡	7		1件	0.8	4.4	5.5	管理	1	5.5
	a原料返品準備	7		1件	0.6 (1-0)	6.4	10.7	管理	1	10.7
	版下発送準備	7		1ヶ所	0.8 (3-0)	4	5	管理	3	15.0
									合計	282.1

※発生頻度［1：日、2：週、3：月、4：半年、5：四半期、6：1年、7：その他］

図表 4-26 業務改善の成果

繁忙期処理数を前提として

担当者	工数（分）		
A氏	423		
B氏	120		
C氏	282		
D氏	545		
E氏	567		
合計	1,937	4.0	人工

まで削減しました（図表 4-26）。

　この過程で、担当者が前任者から引き継いでいた業務を問題意識なくそのまま遂行していたことや、安易に関係者に問い合わせること自体が無駄であり改善すべきとの認識がなかったことなど、多くの課題を部門全体で理解することができました。

　改善の成果は、マニュアルや新帳票を作成し、また更新するなど、誰もが実践できるように整備をしました。

　加えて、部門内での業務の連携がうまくいかないことで手待ち時間が生まれないように、日々の各所属員の課業の開始時間を明確にし、連携して遂行する業務の前工程の従業員は、後工程の従業員の開始時間を意識して業務が遂行できるように、定時内業務の開始時間の見える化をしました（図表 4-27）。

　現在、繁忙期であっても余裕を持って4人で遂行できるように、目標業務量を3.8人工として、各人の業務改善をしています。また、このうち1名の業務については、特定顧客に対してのみ実施されていた業務で、この顧客の担当営業社員が実施することの方が効果的で効率も向上するとの判断となり、生産管理課から営業部門に移管されたため、実質3人工の業務量となりました。

図表 4-27 課業開始時間を見える化

各業務と開始時刻

時刻	担当者	A氏	B氏	C氏	D氏	E氏
~8:30			外注管理表チェック・更新	勤怠管理システム確認、登録		a 原料発注表作成
8:30		清掃、朝礼、メール確認				
8:40						
8:50		週間予定 印刷・ドライ				
9:00			外注管理表の作成と管理	版下準備		a 原料発注入力
9:10				通い便の変更連絡対応	I 社様出荷分指示書作成（翌日分）	
9:20				外注手配一覧表作成		
9:30				外注へ仮手配		
9:40				当日及び翌日に外注へ送る納品書準備		
9:50			当日オーダーの外注関連の短納期チェック			
10:00			送り状のチェック	当日出荷指示確認、未確定分の確定作業		●●便ラベルなし分ラベル作成
10:10			外注からの製品出荷確認			
10:20						当日使用の原反入荷状況確認
10:30		合同ミーティング				
10:40						a 原料番号振替
10:50						
11:00				a 原料確定納期入力		a 原料発注済データ作成
11:10						
11:20						
11:30		日計画作成 印刷			K 社様出荷指示書作成（翌日分）	
11:40					M 社様出荷指示書作成（翌日分）	A 社様出荷指示確定
11:50		日計画作成 ドライ				
12:00						A 社様出庫指示書データを輸送へ送る

Ⅱ　働き方改革に必要な部門別職務分析手法の理解　219

5. 適正要員の算出と要員管理

(1) 要員管理の方法

　要員計画とは、事業運営のために必要な人材を量的・質的に確保し、配置するための計画をいいます。これは、経営計画に連動して策定されるものであり、単年度計画であれば当該年度の事業運営上の人材ニーズ、三相計画であれば自社の長期的な人材ニーズを充足させるために策定・実施されることになります。

　特に、多様な働き方を推進するためには、ワーク・シェアおよびジョブ・シェアの実施を避けて通ることはできませんが、これによって長時間労働・過重労働を軽減することもできます。

　しかしながら、即戦力として期待される人材の採用難や、業務の引継ぎなどの問題から一時的に労働生産性が低下することは否めず、こうした労働生産性低下をできるだけ解消するよう業務手法等の見直しを行っていく必要があります。また、ワーク・シェアリングに取り組むことになれば、当然、従業員数は増加することになります。このため、しっかりした要員管理が必要となってきます。

(2) 要員計画策定のための2つの手法

　要員計画を策定するための手法には、マクロ的手法とミクロ的手法があります。

　ミクロ的手法は、「積上げ方式」とも呼ばれ、職務分析やタイムスタディ（作業時間分析）による標準時間設定および業務分析を実施したうえで、職務別の要員を検討し、課単位、部単位、工場単位、事業部単位、さらに会社全体としての必要な要員を決定します。一方、マクロ的手法は、「労働分配率」「損益分岐点」などから適正人件費を算出し、必要な要員数を求めるものです。

　一般的に、積み上げられたミクロ的必要人員と、経営計画に基づく総額

図表 4-28 要員計画の策定方法

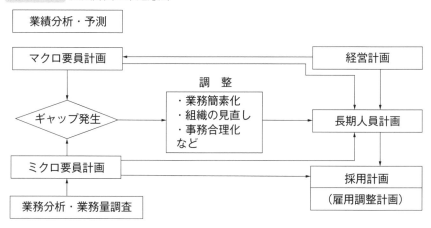

人件費の視点から算出したマクロ的採算人員数（適正人員・適正人件費）との調整を図ることになります（図表 4-28）。

(3) マクロ要員計画

マクロ要員計画を策定する際には、付加価値と適正労働分配率を活用します。算式は次の通りです。

① 売上高×付加価値率＝付加価値
　　＝社員数×1人あたり付加価値
② 付加価値×適正労働分配率＝人件費総額
　　＝適正要員数×1人あたり人件費
③ 必要売上高×計画付加価値率×適正労働分配率
　　＝許容人件費予算
④ 人件費の支払上限率（C）
　　＝人件費総額（B）÷損益分岐点売上高（A）
⑤ 要員数の上限
　　＝（A）×（C）÷社員1人あたり平均人件費（D）
⑥ 必要利益を確保する売上高（E）

＝（必要利益＋固定費）÷付加価値率

⑦売上高適正人件費率（F）＝（B）÷（E）

⑧適正要員数＝（E）×（F）÷（D）

(4) 付加価値の活用

　マクロ要員計画は、将来の中期・長期経営計画によって管理統制されるべきものです。このため、所定の付加価値に基づき、適正労働分配率と適正資本分配率による分配構造計画の中で、固定的人件費予算の枠（総額人件費）を決めることになります。

　実費がこれを超えないよう管理することが基本ですが、固定費そのものの膨張を防止して、損益分岐点の上昇を避け、不況抵抗力の強化を図ることもできます。人件費というものは定昇があり、必然的に上がるものだ、などと簡単に捉えるべきではありません。経営戦略上どうコストを抑えていくのかという観点から、人件費をコントロールすべきなのです。

①付加価値とは

　付加価値とは、労働者側と経営者側、資本と労働の協働作業による経営活動の成果のことをいいます。ただ、付加価値には、粗付加価値、付加価値、純付加価値の３つがあり、粗付加価値は中小企業庁方式（控除法）、付加価値は日本生産性本部方式（控除法）、純付加価値は財務省方式（加算法）となっています。この３方式のどれを活用するかによって付加価値の額が変わりますので、経営指標などと比較する際にはその点をよく注意しなければなりません。また、人件費にも狭義の場合と広義の場合がありますので、同様に注意が必要となります。

②労働分配率とは

　労働分配率とは、適正な利益を確保するために必要な、付加価値にする人件費割合のことをいい、「人件費」÷「付加価値」で算出されます。コストの中で最も中心となるのが人件費であり、この費用の適正さを判断するモノサシとして活用されます。通常、過去３〜５年の実績から算出して、会社独自の指標をつくり、経営改善に活かしていきます。労働分配率

のほかに、人件費比率（「人件費」÷「売上高」）も参考指標として活用できます。

③損益分岐点の活用

損益分岐点とは、損失が出るか利益が出るかの分かれ目となる売上高や数量のことです。前者を損益分岐点売上高といい、後者を損益分岐点販売数量といいます。

つまり、損益分岐点は、損失も利益も出ない売上高、つまり、利益がゼロとなる売上高と考えることができます。損益分岐点の売上高よりも売上高が上がれば利益が発生し、逆に下がれば損失が発生することになります。損益分岐点は低ければ低いほど利益が多くなり、企業経営が安定することになります。

損益分岐点売上高［固定費÷付加価値率］を活用して適正要員数を導き出すこともできます。この際、固定費を十分に吟味する必要があります。この費用の分解（固定費と変動費の分類）にはいくつかの方法があり、その１つに下記の計算方式に示される個別費用法があります。

固定費＝（販売管理費－荷造運搬費＋労務費）＋（経費－外注加工費－
　　　　動力費）＋営業外費用－営業外収益
変動費＝売上原価－労務費－（経費－外注加工費－動力費）＋荷造運搬費

過去数年間の費用の増減を各勘定科目ごとに売上げと対比し、費用の性質を検討することで固定費と変動費とに分けるものですが、やはり双方に関連する費用もあり、限界があるのも確かです。

⑸　ミクロ要員計画

ミクロ要員計画とは、組織単位ごとの業務量と１人あたり標準業務遂行量から組織単位ごとの人員を積み上げ、人員を算定する方式です。

$$ミクロ人員数＝\frac{総業務量}{従業員１人あたり標準業務遂行量}$$

ミクロ要員計画は、以下の手順となります。

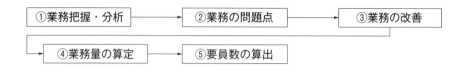

　①から③については、「職務調査票」を活用し、「プロセス展開表」を完成する過程で実施できます。④については、業務分析、業務量調査を実施し、次のステップを踏んで⑤要員数の算出となります。
　ここからは、必要人員数の算出ステップについて説明します。

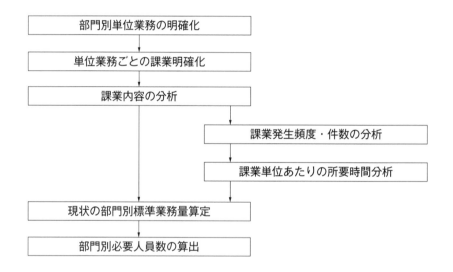

　プロセス展開表で明らかになった課業および場合によっては職務行動について、業務分析および業務量調査を実施します。
　課業別の単位あたり所要時間と発生頻度区分別発生件数を掛け合わせれば、課業別発生頻度区分別の業務量が算出できます。
　部門の標準業務量を算出するために換算業務量に修正します。換算業務量とは、日単位、週単位、月単位、年単位などの頻度区分別に測定した業務量をいずれかの頻度に換算した業務量のことです。
　例えば、日に50分、週で90分、月で150分の業務量を月に換算すれ

224　第4章　働き方改革のための新しい職務分析手法を活用した業務改善の実際

ば、次の通りとなります。

　50 分 × 20.5 ＋ 90 分 × 4.5 ＋ 150 分 ＝ 1,580 分

　課業別の業務量を単位業務ごとに合計すれば単位業務別業務量も算出することができます。さらにすべての業務量を合算すれば、部門全体の業務量を算出することもできます。さらに、この部門全体業務量に余裕時間を足し込み（標準余裕時間は、勤務時間の 15〜20%）、これを 1 人あたりの勤務間で割れば、部門別必要人員数が算出できます。

　以上のように、単位あたり標準時間×発生件数が、業務量基準の基本になることは間違いないのですが、必ずしも発生件数と業務量が正比例するとは限らないことに注意する必要があります。

　業務には、発生件数、対象件数に比例する業務量と件数とは関係のない業務量があり、前者を変動業務量、後者を固定業務量といいます。この考え方を前提に、経営計画に沿った業務量を算定し、要員を算出することになります。

　今後は、多様な働き方が求められてきますが、職場の業務量の総量は変わらない状況のもとで、短時間勤務者が現れることになります。短時間勤務者が担当する業務で突発的な対応が必要となれば、基本的には、可能な限り本人が対応することが求められます。それでも対応しきれない場合は、職場の同僚がフォローし、できる限り、派遣社員などを外部から調達することを避けることが必要です。

　ただ、緊急対応が必要な場合は、同等の能力や経験を持つ人材を他の部署から異動させることで対応することになります。このため、職場の機動力を落とさないために、人事部ではなく、現場の管理職に人事権が委譲されていることが重要となります。

(6)　ピーク時要員の検討

◆短期的周期をもって発生する予測可能なピークへの対策

①ピーク時以外の期間に処理可能な業務を非ピーク時に処理する。

Ⅱ　働き方改革に必要な部門別職務分析手法の理解　　225

②準備、段取りなど、あらかじめ処理可能な業務を非ピーク時に処理する。

③特定職務のピーク時と他の職務のピーク時とが一致しない場合には、互換性がきくように職務の再編成を行う。

④ピーク業務の中に単純定型業務が存在し、しかも1人分以上の仕事量があるときは、ピーク時の要員としてアルバイトの長期契約を結ぶ。

⑤時間帯によるピーク業務が発生するときは、パートタイマーに限定せず、正社員の勤務時間帯を流動的に設定し、ピーク業務に対応する。

⑥ピーク業務が判定処理業務であれば、他職務との互換性を持たせることによって解決し、双方の職務あるいは職務系列から単純職務を抽出し、1人分の単純業務からなるアルバイト職務を編成し、アルバイトによって補填する。

⑦1日のうちピーク時が特定時間に集中する小売業、サービス業などの場合は、パートタイム契約をもって補う。

⑧以上の対策をもって、なおピーク業務を補填できないときは、ピーク時必要人員と平均必要人員との人員差の2分の1以内の範囲で追加要員を認め、ピーク時は残業および他部門からの応援をもって補い、非ピーク時は他部門への応援がきくように、ピーク時追加要員の職務範囲を拡大し、応援機動体制を確立する。

◆月・半期・年での比較的長期の周期をもって発生する予測可能なピークへの対策

短期的周期のように、ピーク時必要人員と平均必要人員との人員差の2分の1以内の範囲で追加要員を認めることは、平常時での過剰人員が発生するため、基本的には追加要員を設定せずにピークに対処する方策を打ち出します。

①準備、段取りなど、あらかじめ処理可能な業務をピーク時到来以前に処理してピーク時に備える。

②単純業務を集約して、ピーク期間だけのアルバイト職務を臨時編成し、

アルバイトをもって補う。

③ピーク時が一致しない他部門からの応援を受け入れて補う。

④一定期間担当業務を後ろへ繰り延べても大きな支障とはならない、主としてスタッフ部門担当者でピーク業務処理能力を有する社員をピーク期間だけ臨時配置する。

⑤ピーク期間、担当社員の残業をもって補う。

⑥ピーク時が特定月に集中する小売業、引越業などの場合は、間接部門などピークの影響の少ない部門における業務内容を平常時とは大幅に変更し、必要最小限の業務にとどめ、交差配置ができる仕組みとする。

⑦いくつかの職務系列の業務処理に精通する幅広い能力をもった従業員を育成のうえ、機動部隊として編成しておき、ピーク時に各ピーク部門に配属できる体制とする。

(7) 緊急事態あるいは特別な異常事態に関連して発生し、しかも発生時期の予測が難しい業務への対策

顧客からのクレームの解決や誤報告書の訂正などの課業は定期的に発生するものではありませんが、発生がある程度予測できます。したがって、月あるいは週として包含しても問題はありません。

しかし、装置産業における事故などによる緊急措置業務などは、発生時期の予測がつかないだけでなく、いったん発生すると解決のための業務量が非常に多くなります。このような業務は、通常業務とは区分して把握し、発生した場合はどのように対処するかをピーク対策として決めておくことが必要となります。

Ⅱ　働き方改革に必要な部門別職務分析手法の理解　　227

Ⅲ 働き方改革における多様な働き方の実現と職務分析

　現在、少子高齢化による労働力不足の中、多くの企業が長時間労働削減や雇用の確保のために働き方改革を推進しています。その中で、この好景気を利用して販売単価を上げたうえで、非正規社員の雇用を増加させ、正社員の働き方の改善（労働時間の短縮）をしているような企業もあります。

　そもそも働き方改革は、働き方の基本を踏まえたうえでの生産性革命であるべきです。プレミアムフライデー、ノー残業デーや積極的な有給休暇取得の推進を図ることも間違いではありません。しかし、仕事を残さず完遂して退社するのであれば生産性は上がっていますが、仕事を後回しにしているなら話は違います。また、時間をかけてやっていた仕事を（この時間が適正かどうかは別として）、早く片付けることができたのであれば、これまでの日頃の管理不足が露呈したというだけのことになります。

　アメリカのブルーカラーが、基本的に時短にあまり熱心でないように、本来、日本においても賃金に反映されないような改善を従業員が主体的に取り組むことはあまり期待できないことなのでしょう。この意味で、日頃から科学的なアプローチによる働き方改革を推進している企業はまだ少ないように感じます。このため、本書では働き方改革の事例を紹介し、いかに科学的アプローチが重要であるかを述べました。

　一般的に、企業の働き方改革への取組みにおいては、仕事の難易度には触れず仕事量を調節することに重点を置いています。しかし、業務の中には定量的に計測することが難しいものがあるため、仕事量や時間短縮だけにこだわること自体が、実際の取組みの中で大きな課題を生んでいるようにも感じられます。このため、前節３項のＡ社の事例のように、できる限り科学的アプローチによって標準を追究し、そこで明確にした職務をさら

に編成し直すことが求められます。そうすることで、生産性を維持、向上させることができるのです。

なお、職務を再編成した場合は、再度、職務評価を実施し、本来適正な等級に格付けをするのが望ましいでしょう。例えば、事例（前節3項P.207～212）の画像編集職務は、難易度の低い原稿編集を行い、量的な部分で成果責任を果たすことにはなりましたが、原稿難易度別に標準時間が設定されていることから、能力レベルが高いとしても、そう処理量が増えることはないことを考えると、本来は初級職への降級が相応しいともいえます。

在宅勤務制度については、一般の通常勤務と同等の処遇を行う企業がある一方で、出勤に伴う電話対応等が免除されるなどの負担軽減から賃金水準をやや下げたり、出来高制で賃金を支給したりする事例もありますが、いずれにしてもおざなりの対応という感が否めません。今後は、より適正な処遇を追求していく必要があろうと思われます。

最後に、多様な働き方の推進が、一時的な生産性低下につながることがないよう、従業員に対する働き方意識調査を行い、ライフ・キャリアを確立させることが喫緊の課題といえます。そして、そのために会社側は経営戦略に連動した選択型（多様就業型）キャリア・コースを設けた人事制度を構築、運用することが求められます。

これによって、各自の職務責任が明確になりますが、それと同時に、マルチタスク（多能工）化のための教育訓練（計画）も強化していくなどの取組みが求められている、ということになります。

Ⅲ　働き方改革における多様な働き方の実現と職務分析　229

おわりに
これからの人事管理制度に求められること
〜職務基準の人事管理への期待〜

　日本は、国際比較において労働生産性を落とし続けているにもかかわらず、皮肉にも現場では人手不足が深刻化しています。

　今後、景気が低迷した場合、長時間労働や人手不足はある程度緩和されることが予想されます。しかし、長時間労働解消のために、働き方改革と称して能率や生産性といったものと関係なく残業削減を行い、その結果下がった賃金を補てんするために、報奨金や賞与をこれまで以上に支給している企業もあるようです。一方で、昨今の好景気の中でさえ、大企業の中には、バブル期に大量採用され管理職となっている世代の年功賃金の負担を背負えないところも出てきています。

　これに関して筆者は、日本の能力主義人事管理において、もともとさほど結びついていなかった「働き」（付加価値をつける仕事）と「賃金」、つまり、労働生産性と賃金の方程式が、さらに崩れていくのではという強い危機感を持っています。職能給は日本において長きにわたり運用されてきましたが、当制度に代表される「職務や生産性に連動していない賃金のあり方」は、科学性・合理性の面で理解しがたいものであると同時に、現在に至るまでそれらによって労働の代価である賃金の本質が曇らされてきたように思えてなりません。

　一方、職務基準の賃金（職務給）は、日本の賃金史において過去より賃金合理化の手段として幾度となく取り上げられては消えてきましたが、科学性と合理性を追究してきた、「職務や生産性に連動している」賃金なのです。

　また、働き方改革の中でいわれる同一労働同一賃金は、本来人権保障の概念のもと、性別や人種間の格差是正、社会のダイバーシティの尊重により活力を高めることを目的に欧州で運用されてきたように、非正規社員の賃金格差の解消という対症療法としてでなく、賃金の本質的な解釈から語

られるべきです。そして、生産人口が減少していく中で、女性、高齢者、そして外国人労働者を活用していくためにも、また多様な働き方を長期的視点から支えるためにも、同一労働同一賃金は実現されるべきものといえます。今後ますます普及していくであろう裁量労働制やホワイトカラー・エグゼンプションの導入についても同様です。

そして、賃金を決定する要因の見える化（能率を基礎にした職務記述書、職務評価などの活用）をすることで、職務と責任を明確にした公正な仕組み（科学的、合理的な職務等級制度）を導入しておくことが、重要な社会的基盤の一つとなることを確信していますし、またそのような時代が近いうちに到来することを期待もしています。

なお、本書では触れていない職務給体系への移行における手当の考え方や設定方法について学びたい方は『役割等級人事制度のための賃金設計実務講義』を、更に新たな職務分析手法（プロセス展開表）を活用し、これからの働き方改革に必要な多様な就業形態の実現方法について学びたい方は『多様な働き方を実現する役割等級人事制度』をご一読いただければ、職務等級制度のメリットおよび手法に対する理解を更に深めることができるはずです。

最後に、本書でご説明してきた職務分析、業務改善の考え方と方法が、これからの日本の雇用慣行の改革と生産性の向上に寄与することを願って止みません。

◆ 参考文献 ◆

『職階制の概説』Robert S. Hare　行政調査部訳　（新警察社）

『職務分析票記入手引(草案)』労働省職業安定局　（労働省職業安定局労働市場調査課）

『職務分析　アメリカ合衆国労働省編纂』労働省労政局労働教育課訳　（日本能率協会）

『職務分析　アメリカ合衆国労働省編纂』藤本喜八／田中慎一郎共訳　（日本生産性本部）

『管理職の職務給』日本経営者団体連盟　（日本経営者団体連盟弘報部）

『職務評価』エリザベス・ランハム　（日本経営者団体連盟弘報部）

『アメリカの職務給』日本経営者団体連盟　（日本経営者団体連盟弘報部）

『アメリカの労務管理』淡路圓治郎　（ダイヤモンド社）

『アメリカの公務員制度』宮孝一　（朝日新聞社）

『最新 アメリカの賃金・評価制度』笹島芳雄　（日本経団連事業サービス）

『米国公務員の考課制度研究』安達忠夫　（関書院）

『ドイツの職務評価』高田馨　（千倉書房）

『ドイツにおける能率給制度』ヘルマン・ベールス 田中慎一郎訳　（日本能率協会）

『ドイツ企業の賃金と人材育成』久本憲夫／竹内治彦　（日本労働研究機構）

『ドイツの人事評価』藤内和公　（旬報社）

『ホワイトカラーの職務給』日本経営者団体連盟　（日本経営者団体連盟弘報部）

『現代フランスの労使関係』松村文人　（MINERVA 現代経済学叢書）

『Salary Administration』Gordon McBeath & Nick Rands（Gower）

『イギリス労働組合運動史』ヘンリー・ペリング　大前朔郎訳　（東洋経済新報社）

『Job Evaluation：Wage and Salary Administration』Douglas L. Bartley　（Addison-Wesley）

『The Wages of History：The Aaslh Employment Trends and Salary Survey』Charles Phillips／Patricia Hogan　（Amer Assn for State & Local）

『Performance Management：A New Approach for Driving Business Results (Talent Management Essentials)』Elaine D. Pulakos　（Wiley-Blackwell）

『ヨーロッパの賃金』日本経営者団体連盟　（日本経営者団体連盟弘報部）

『欧米諸国の賃金決定事情』日本経済調査協議会　（日本経済調査協議会）

『男女同一労働同一賃金』ＩＬＯ叢書　国際労働局編　（国際公論社）

『職務評価と賃金管理』ＩＬＯ　日本労働協会訳　（日本労働協会）

『科学的管理法』F.W. テーラー　上野陽一訳・編（産業能率大学出版部）

『職務分析と労務管理』藤田忠　（白桃書房）

『職務分析の手引き』宮下武四郎（日経文庫）

『職務給の研究』日本経営者団体連盟編　（日本経営者団体連盟弘報部）

『職務給制度の研究』手島勝彦（大学教育出版）

『賃銀論』増地庸治郎　（千倉書房）

『賃銀論』川崎文治　（関書院）

『賃金形態論』古林喜樂（森山書店）

『日本における職務評価と職務給』日本経営者団体連盟　（日本経営者団体連盟弘報部）

『公正な給料』エリオット・ジャックス　北野利信訳　（ダイヤモンド社）

『責任の測定』エリオット・ジャックス　北野利信訳　（評論社）

『イギリス経営学説史の探究』幸田浩文　（中央経済社）

『日本的経営の労務管理』田中博秀（同文館）

『熟練工養成の国際比較』平沼高／田中萬年／佐々木英一　（ミネルヴァ書房）

『日本と世界の職業教育』堀内達夫／伊藤一雄／佐藤史人／佐々木 英一編　（法律文化社）

『少子化と日本の経済社会』樋口美雄／財務省財務総合政策研究所編著　（日本評論社）

『ステイタスと職業』前川和也編著　（ミネルヴァ書房）

『労働市場の経済学』大橋勇雄／中村二朗　（有斐閣）

『労働市場改革の経済学』八代尚宏　（東洋経済新報社）

『労働時間の政治経済学』清水耕一　（名古屋大学出版会）

『労働法改革』水町勇一郎／連合総研編　（日本経済新聞出版社）

『同一価値労働同一賃金原則の実施システム』森ますみ／浅倉むつ子編　（有斐閣）

『正社員消滅時代の人事改革』今野浩一郎　（日本経済新聞出版社）

『雇用改革の真実』大内伸哉　（日本経済新聞社）

『法と経済で読みとく雇用の世界』大内伸哉／川口大司　（有斐閣）

『ＡＩ時代の働き方と法』大内伸哉　（弘文堂）

『新しい労働社会』濱口桂一郎　（岩波書店）

「ジェンダー平等社会と同一価値労働同一賃金」禿あや美　（生活経済政策 2009.5 No.148）

『労働市場制度改革』水町勇一郎／樋口美雄／鶴光太郎編著　（日本評論社）

『合理的選択と契約』小林 公　（弘文堂）

『日本の人事部・アメリカの人事部』Sanford M. Jacoby　鈴木良始／堀龍二／伊藤健市訳　（東洋経済新報社）

『戦後日本の公務員制度』川手摂（岩波書店）

「職階制へのレクイエム」鵜養幸雄　（立命館法学 330 号　2010 年 2 号）

「ＩＬＯ創設と男女平等賃金原則の成立」(1)（2)（3）戸塚悦朗　（国際協力論集 8(2)：2000-11、9(1)：2001-06、9(2)：2001-10）

「ビドー管理法について」古林喜樂　（国民経済雑誌 52(1)：78-18　1932-01）

「科学的管理法による統利権の分離・掌握の過程と職業別労働組合の対応」田中和雄（専修ビジネス・レビュー（2011）Vol.6　No.1：47-73）

「アメリカにおける「職務」概念と人事管理」田中和雄（専修ビジネス・レビュー（2016）Vol.11　No.1：39-49）

「合理的な賃率設定」河野大機（商学論集　福島大学経済学会　第 45 巻第 2 号　昭和 50 年 3 月）

「ロットの合理的賃率設定論」河野大機（商学論集　福島大学経済学会　第 43 巻第 3 号　昭和 50 年 3 月）

「イギリスにおける職務記述書と雇用契約書—資料—」三島倫八　（龍谷大学経営学論集 47(1) 2007-09）

『フランスにおける「職業訓練」と職業資格』中上光夫　（国際地域学研究　第 10 2007 年 3 月）

『職務分析の目的と職務明細書の手続き』奥田順一　（山口経済学雑誌 15(1) 1964-05-31）

「人事管理の形成と「テイラー戦略」」(1)（2）中川誠士　（福岡大学商学論叢 49(3) 2005-03）

「アメリカ企業におけるホワイトカラーのサラリー制度」関口定一　（大原社会問題研究所雑誌 No.689 2016.3）

「職歴にみる戦後日本の労働市場」渡辺勉／佐藤嘉倫　（社会学評論 50(2) 1999-09-30）

「多様就業型ワークシェアリング制度導入実務検討会議報告書」（平成 18 年 1 月 19 日）

「わが国の高齢者雇用の現状と展望」樋口美雄／山本勲　（日本銀行金融研究所／金融研究／2002.10）

「高齢者雇用対策の現状と課題」厚生労働省職業安定局　高齢・障害者雇用対策部（平成 23 年 1 月）

「欧州各国の雇用政策の最新動向」日本貿易振興機構（ジェトロ）在欧州事務所　海外調査部　欧州ロシア CIS 課（2012 年 12 月）

「非正規雇用と「多様な社員」」青山悦子　（嘉悦大学研究論集 第 56 巻第 2 号通巻 104 号 平成 26 年 3 月）

「非正社員と正社員の賃金格差の納得性に関する分析」永瀬伸子　（国立女性教育会館研究紀要 vol.7 .August.2003）

「改正パートタイム労働法の政策分析―均等待遇原則を中心に」阿部未央　（日本労働研究雑誌 No.642／January 2014）

「均衡待遇と差別禁止―改正パートタイム労働法の意義と課題」両角道代　（日本労働研究雑誌 No.576／July 2008）

「男女の賃金格差解消への道筋：統計的差別に関する企業の経済的非合理性について」山口一男　（独立行政法人経済産業研究所）

「人事異動システムと情報技術：日米比較」柴田裕通　（經濟學研究 = ECONOMIC STUDIES, 50(2)：87-98　2000-09）

「「同一労働同一賃金」は幻想か？」水町勇一郎　（RIETI Discussion Paper Series 11-J-059　独立行政法人経済産業研究所）

「「格差」と「合理性」」水町勇一郎　（社會科學研究 62(3·4), 125-152, 2011　東京大学社会科学研究所）

「職務基準の賃金（職務給）とはどのようなものか」西村聡　（ビジネスガイド 2017-05）

「職務の棚卸し A to Z（連載）」西村聡　（ビジネスガイド 2017-12〜2018-06）

『賃金の本質と人事革新』孫田良平監修（三修社）

『多様な働き方を実現するための役割等級人事制度』西村聡／山岡美由紀　（日本法令）

『役割等級人事制度のための賃金設計実務講義』西村聡　（日本法令）

『役割等級人事制度導入・構築マニュアル』西村聡／三浦眞澄　（日本法令）

◆ 著者略歴 ◆

西村 聡（にしむら さとし）

　大学卒業後、大日本スクリーン製造株式会社で管理・企画業務を担当。その後、公益財団法人関西生産性本部に入局し、主任経営コンサルタントとして活動。平成22年6月に独立し、株式会社メディンを設立、代表経営コンサルタント。一般社団法人日本職務分析・評価研究センター代表理事。経済学修士。近畿大学非常勤講師、株式会社日本マンパワーマネジメントコンサルタント、NPO法人企業年金・賃金研究センター上席講師。

　日本経営診断学会、日本労務学会、経営行動科学学会、日本経営工学会、日本経営システム学会正会員、日本労働ペンクラブ会員。

　主として、ビジネスプロセスの構築および変革から経営革新につながる人事制度改革、生産現場革新、業務改革の指導をする。現場を重視した実践的な指導で製造業、小売業から学校、病院まで数多くの業種の現場に立つ。

　平成21年日本経営診断学会第42回全国大会にて診断事例研究報告「成果主義人事制度が従業員意識に与える影響に関する一考察」で優秀賞を受賞。著書・論文：『役割等級人事制度導入・構築マニュアル』『賃金コンサルタント養成講座』『人事コンサルタント養成講座』『役割等級人事制度のための賃金設計実務講義』『経営戦略を実現するための目標管理と人事考課制度』『「多様な働き方」を実現する役割等級人事制度』『職種ごとの事例でわかる役割等級人事制度による病院の経営改革』『職務給の法的論点　人事コンサルタントによる導入実務をふまえた弁護士による法律実務Q&A』（以上、日本法令）、『賃金の本質と人事革新』（三修社）、「生産革新が組織活性化につながる条件を考える」（日本ＩＥ協会）、「経営戦略を実現するための人事制度とは」（日本医療企画『医療経営フェイズ3』）、雑誌「労働と経済」（労働開発研究会）、「ビジネスガイド」（日本法令）にて連載執筆など多数。

同一労働同一賃金を実現する 職務分析・職務評価と賃金の決め方	令和元年10月10日　初版発行 令和4年6月10日　初版4刷

検印省略

著　者　西　村　　　聡
発行者　青　木　健　次
編集者　岩　倉　春　光
印刷所　日 本 ハ イ コ ム
製本所　国　　宝　　社

〒 101-0032
東京都千代田区岩本町1丁目2番19号
https://www.horei.co.jp/

（営　業）　TEL　03-6858-6967　　Eメール　syuppan@horei.co.jp
（通　販）　TEL　03-6858-6966　　Eメール　book.order@horei.co.jp
（編　集）　FAX　03-6858-6957　　Eメール　tankoubon@horei.co.jp

（オンラインショップ）　https://www.horei.co.jp/iec/
（お詫びと訂正）　https://www.horei.co.jp/book/owabi.shtml
（書籍の追加情報）　https://www.horei.co.jp/book/osirasebook.shtml

※万一、本書の内容に誤記等が判明した場合には、上記「お詫びと訂正」に最新情報を掲載しております。ホームページに掲載されていない内容につきましては、FAXまたはEメールで編集までお問合せください。

・乱丁、落丁本は直接弊社出版部へお送りくださればお取替えいたします。
・JCOPY〈出版者著作権管理機構 委託出版物〉本書の無断複製は著作権法上での例外を除き禁じられています。複製される場合は、そのつど事前に、出版者著作権管理機構（電話03-5244-5088、FAX 03-5244-5089、e-mail: info@jcopy.or.jp）の許諾を得てください。
また、本書を代行業者等の第三者に依頼してスキャンやデジタル化することは、たとえ個人や家庭内での利用であっても一切認められておりません。

© S. Nishimura 2019. Printed in JAPAN
ISBN 978-4-539-72709-6

便利でお得な定期購読のご案内

定期購読会員（※1）の特典

¥0 送料無料で確実に最新号が手元に届く！ （配達事情により遅れる場合があります）

少しだけ安く購読できる！
- ビジネスガイド定期購読（1年12冊）の場合：1冊当たり約140円割引
- ビジネスガイド定期購読（2年24冊）の場合：1冊当たり約230円割引
- ＳＲ定期購読（1年4冊（※2））の場合：1冊当たり約410円割引
- 家族信託実務ガイド定期購読（1年4冊（※3））の場合：1冊当たり330円割引

会員専用サイトを利用できる！

割引価格でセミナーを受講できる！

割引価格で書籍やDVD等の弊社商品を購入できる！

(※1) 定期購読会員とは, 弊社に直接1年(または2年)の定期購読をお申し込みいただいた方をいいます。開始号はお客様のご指定号となりますが, バックナンバーから開始をご希望になる場合は, 品切れの場合があるため, あらかじめ定期購読会員係（電話：03-6858-6960）までご確認ください。なお, バックナンバーのみの定期購読はできません。

(※2) 原則として, 2・5・8・11月の5日発行です。

(※3) 原則として, 3・6・9・12月の28日発行です。

ビジネスガイド

購読料金：(1年)11,550円
　　　　　(2年)20,900円

　ビジネスガイドは, 昭和40年5月創刊の労働・社会保険や人事・労務の法律を中心とした実務雑誌です。企業の総務・人事の実務担当者および社会保険労務士の業務に直接影響する, 労働・社会保険の手続, 労働法等の法改正情報をいち早く提供することを主眼としています。これに加え, 人事・賃金制度や就業規則・社内規程の見直し方, 合同労組・ユニオン対策, 最新労働裁判例のポイント, 公的年金・企業年金に関する実務上の問題点についても最新かつ正確な情報をもとに解説しています。

開業社会保険労務士専門誌 SR

購読料金：5,830円

労働・社会保険、税務の官庁手続＆人事・労務の法律実務誌「月刊ビジネスガイド」の別冊として、平成17年より発行を開始いたしました。

本誌は、すでに開業をしている社会保険労務士やこれから開業を目指す社会保険労務士を対象に、顧客開拓や事務所経営、コンサルティング等に関する生きた使える情報を豊富に盛り込み、実践的に解説する、開業社会保険労務士のための専門誌です。

実務への影響が大きい法改正情報はもちろんのこと、就業規則、是正勧告、あっせん代理、退職金、助成金、特定社会保険労務士制度等にかかわる最新の情報や「いかにビジネスにつなげるか」のノウハウを提供しています。本誌を読むことで、多くのビジネスチャンスを得るためのヒントを手に入れることができます。

家族信託実務ガイド

購読料金：5,280円

超高齢社会を迎える日本では、親の認知症や実家の空き家問題等への対策において、既存の制度や考え方だけでは解決できない問題が山積みです。その解決策の1つとして、今、民事信託(家族信託)に注目が集まっています。民事信託(家族信託)は、既存の枠組みや概念では説明しきれない、全く新たな発想を含んでいる部分が数多くあります。

本誌は、民事信託(家族信託)の世界を、正しく健全な方向に導き、かつ正しい普及を図る、すなわち「道を切り開き、そして地図を作る」ための役割を果たすために発行いたします。

お申込み方法

【初めてお申込みをする場合】
- 下記にご連絡いただければ専用郵便払込用紙をお送りいたしますので、必要事項をご記入のうえ、郵便局で購読料金をお振り込みください。
- 定期購読料金のお振込みが確認され次第、ご希望の号数から発送を開始いたします。

(※)バックナンバーからの購読をご希望の場合は、定期購読会員係【電話：03-6858-6960】に在庫をご確認のうえ、お申込みください。

【定期購読契約を更新する場合】
- 定期購読終了の際に、「購読期間終了・継続購読のご案内」とともに、新たに専用の郵便払込用紙を送付いたしますので、郵便局で定期購読料金をお振り込みください。

(※)定期購読期間中の中途解約は、原則としてお受けいたしかねます。

■ 定期購読に関するお問い合わせは、**日本法令** 定期購読会員係 [電話：03-6858-6960 / E-mail：kaiin@horei.co.jp] まで

書籍のご案内

職種ごとの事例でわかる
役割等級人事制度による病院の経営改革

株式会社メディン 医療・福祉マネジメントセンター【著】
西村聡／森岡利行／小島信一／松木秀夫／三ツ星通代／山岡美由紀
A5判　280頁　定価（本体価格 2,500円＋税）

> これからの医療改革に向けて、チーム医療を
> 成功に導き、患者満足を向上させるための処方箋！

　病院の経営を健全化するために人事制度を導入・再構築するなら、コストの合理化と医療の質的向上をもたらす、仕事基準の役割等級人事制度が最も適している。
　その制度を構築・運用するためのノウハウを、看護部、リハビリテーション科など職種ごとの事例をもとに、具体的なツールを用いて解説。

書籍のご注文はお近くの大型書店、WEB書店 または 株式会社日本法令 特販課通信販売係まで
Tel：03-6858-6966　Fax：03-3862-5045